HISTOIRES DE TALENTS

Aymeric Perrin

Histoires de talents

Découvrez vos talents à travers
8 personnages historiques

Préface de Charles Bonaparte

L'Harmattan

5-7, rue de l'École-Polytechnique, 75005 Paris

http://www.editions-harmattan.fr

ISBN : 978-2-14-033888-5
EAN : 9782140338885

PRÉFACE

Cet ouvrage nous invite au changement à partir de l'Histoire. Loin de nous renvoyer à un passé révolu, l'Histoire peut en effet se résumer à une longue suite de changements personnels et collectifs, offrant donc une riche source de modèles pour notre développement personnel.

Pour le démontrer, son auteur, Aymeric Perrin, présente une vaste galerie de femmes et d'hommes qui ont marqué leurs époques dans les domaines les plus variés et qui ont en commun d'être des personnages historiques reconnus. Il paraît donc naturel qu'ils servent de modèle à des managers, à des chefs d'entreprise et plus généralement à chacun de nous qui sommes à la recherche de notre propre accomplissement.

L'originalité de ce livre est donc de rechercher les dispositions personnelles, les motivations et les réalisations de géants de l'Histoire pour inciter chacun de nous à mieux se connaître pour mieux se réaliser.

Nos héros ont d'abord réussi à leurs propres yeux avant de réussir de manière éclatante aux yeux de l'Histoire : ils ont compris, avant d'agir, quelles étaient leurs propres motivations et leurs propres talents et, agissant avec succès, ils ont conforté leurs intuitions et déroulé leurs carrières. Il est donc très éclairant de montrer la part d'eux-mêmes qu'ils ont mise en action dans leurs réalisations, leurs œuvres et les qualités qu'ils ont déployées.

À vrai dire, aucun d'eux n'avait de plan de carrière au sens que nous donnons aujourd'hui à ce terme. Le contexte dans lequel ils agirent fut souvent instable, troublé et dangereux. Chacun dans leur domaine a dû faire preuve de beaucoup d'audace.

C'est le cours de la vie, les contraintes de leurs engagements, les hasards de l'Histoire, qui les ont contraints à déployer le meilleur d'eux-mêmes, et parfois le moins bon, pour s'adapter aux circonstances. Souvent, ils n'en eurent pas conscience, ou leur conscience fut tardive et partielle. Ce sont les historiens qui, après coup, ont dressé un portrait cohérent dont il est possible, aujourd'hui, de tirer des leçons.

L'une des qualités généralement reconnue à Napoléon Bonaparte est une incroyable énergie qui lui permit de mener, en quinze ans, cinquante batailles tout en réformant la société française et une partie de l'Europe. Si on lui avait posé la question de ses motivations, il aurait probablement répondu que trouver et mettre en œuvre les meilleurs moyens pour arriver à ses fins faisait partie de son métier de chef d'État. Ce qu'il appelait être fidèle à l'Honneur. Sans doute voyait-il bien que ses capacités d'initiative, ses ressources créatives, sa mémoire et son intelligence le mettaient au-dessus des autres. Mais il n'eut jamais ni le temps, ni l'intérêt d'analyser les sources de son génie. Faute de quoi, son intelligence, si grande par ailleurs, lui aurait fait comprendre que l'orgueil, qui allait chez lui de pair avec l'énergie créative, le mènerait bientôt à sa perte !

La science historique est donc essentielle pour nous permettre de comprendre ce que furent les véritables motivations de ces femmes et ces hommes, au-delà de leurs propres représentations d'eux-mêmes, de leurs propres illusions et de leurs propres justifications qu'ils exposent longuement dans leurs Mémoires. L'histoire de ces héros montre le chemin que nous devons emprunter nous-mêmes : dépasser nos Mémoires personnels, les voiles de nos illusions, nos multiples alibis pour nous regarder sans fard.

Nous, Français, avons la chance de pouvoir trouver dans notre Histoire de nombreuses figures qui ont eu un impact sur le monde. Le mérite de ce livre est de convoquer des femmes et des hommes de toutes les époques et sur tous les continents qui ont excellé dans les domaines les plus variés de la politique, de la guerre, de la séduction, de la sagesse, de la générosité ou de la compassion. Cette ouverture est fructueuse, elle montre que cette démarche n'est pas limitée à l'Occident ni aux personnages de l'histoire politique : les talents sont uniques, ils prennent forme en fonction des situations, des cultures et des personnalités. La démarche d'appropriation de ces talents, que

Karl Gustav Jung appelle l'individuation, est bien la même, quelles que soient les circonstances.

Plus rarement, il arrive que la connaissance de la vie de ces héros nous permette de régler directement la nôtre. Leur témoignage résonne alors comme une inspiration à les imiter. C'est particulièrement vrai pour les maîtres en sagesse que sont Confucius, Mère Teresa, Nelson Mandela ou Ghandi.

Ainsi que le propose Aymeric Perrin, nous pouvons nous inspirer de ces grands modèles qui ont su relever des défis considérables dans les champs les plus variés, pour mettre en œuvre les changements individuels et collectifs indispensables à notre temps.

Charles Bonaparte

INTRODUCTION

S'élever pour être vraiment soi-même est une condition nécessaire pour se sentir à sa place dans le monde. De nombreuses possibilités s'offrent à nous pour grandir et se découvrir mais les doutes, les remises en cause et les échecs sont des maux souvent nécessaires pour comprendre vraiment ce à quoi nous sommes appelés. En effet, à force de trébucher, la vie offre tôt ou tard des signes qui nous permettent de nous orienter dans la voie la plus adaptée à nous.

L'autre option pour saisir ce pour quoi nous sommes nés, est d'apprendre à mieux se connaître en utilisant ses talents dans un sens qui fait écho à ses aspirations profondes. Cette voie n'exclut évidemment pas de fausses routes de temps à autre mais elle est une route complémentaire pour notre épanouissement. Le niveau d'introspection personnelle appartient à chacun mais il est nécessaire de se laisser surprendre par soi-même avec audace et honnêteté.

Ce chemin se dévoile petit à petit, non pas seul face à soi-même, mais toujours en relation avec autrui. Dans nos relations sociales de tous les jours, nous pouvons nous inspirer les uns des autres. L'autre est en effet un miroir de nos propres cheminements. Les faits de vie des personnes qui nous entourent résonnent comme un questionnement permanent sur nous-mêmes : aurai-je le courage de me lancer dans cette carrière ? Comment entraîner du monde dans mon projet ? Puis-je attirer des relations interpersonnelles saines et bienveillantes dans mon quotidien ? Finalement, suis-je un intellectuel ou plutôt un manuel ? Est-ce que je connais mes sources d'énergie, mes talents, mes véritables désirs ? Autant d'interrogations sans réponse précise qui nous poussent à nous dépasser grâce aux autres. De manière consciente ou inconsciente, nous nous observons. Parfois, certaines personnes nous marquent par leur simple présence. D'autres fois, c'est l'Histoire qui par des signes nous amène à « rencontrer » des personnes du passé. Ces personnes, vivantes ou historiques, nous attirent comme un aimant pour nous laisser entrevoir tout le possible en nous. Que cela soit nos proches, des acteurs, des artistes, des sportifs ou des personnages historiques, tous peuvent nous renvoyer une projection – juste ou erronée – de nos propres charismes. À nous de changer notre regard pour nous en inspirer et réaliser notre mission sur terre.

En tant que coach et formateur, j'ai la chance chaque jour de m'inspirer d'innombrables qualités et talents de personnes qui me font confiance. Toutes m'élèvent au quotidien par leurs singularités et leurs dons. Mais pour guider ma vie et pour me hisser à la pointe de moi-même dans les grands ou les pires jours de mon existence, seules les personnes de l'Histoire m'aident. C'est comme si la mort avait mis à nu ces femmes et ces hommes afin de me permettre de puiser dans leurs forces en apprenant de leurs histoires. C'est cela que je veux faire comprendre au lecteur par ce livre. L'Histoire nous apprend à rêver et à idéaliser des vies individuelles pour mieux réaliser la nôtre. Non pas pour reproduire ce qu'ils ont entrepris de manière aveugle et naïve mais en regardant leurs forces qui font automatiquement écho au plus profond de notre être. Ces femmes et ces hommes ont vécu à une époque différente de la nôtre, dans un contexte souvent particulier, ils ont connu des trajectoires de vie hors normes ; mais ils étaient des êtres humains, avec leurs propres doutes, fragilités et blessures. Ainsi, leurs choix peuvent résonner en vous et faire écho à votre propre vie aussi bien personnelle que professionnelle. Par moments, vous pourrez être amené à comparer votre comportement au leur, à vous demander si vous aussi, vous auriez agi de la même manière… Vous pourrez vous inspirer de la manière dont ils ont réussi à trouver leurs dons afin de mieux découvrir les vôtres…

J'ai donc choisi, à travers le monde, huit figures historiques qui m'ont paru hors du commun quant à la mobilisation de leurs talents : Confucius, Mère Teresa, Cléopâtre, Albert Einstein, Jules César, Nelson Mandela, Gandhi et Napoléon Bonaparte. En effet, comment un petit caporal a-t-il pu mobiliser la France entière dans des folies sanguinaires ? Quelle force d'âme pousse

Gandhi à risquer sa vie en permanence avec des méthodes de « faibles » face aux forces britanniques ? Comment Mandela peut-il avoir autant d'assurance et de recul pour affronter de si grandes injustices ?

Autant de questionnements qui m'ont poussé à décortiquer ce qui fait l'essence des dons de ces personnes. Pour ma modeste part, je pense que leurs dons – comme les nôtres – sont liés à l'utilisation de leur énergie, cet élan de vie si unique en nous. Ainsi, à l'aide des travaux de recherche de nombreux biographes, d'historiens, de Jean-Jacques Ballan et de Jean-Daniel Remond, j'ai retenu les trois principaux talents pour chacun de ces personnages.

À tort ou à raison, ces personnes ont écrit le passé, il ne tient qu'à nous de percer leurs mystères pour écrire le futur, notre futur…

I.Confucius, l'homme de la pleine conscience

(551-479 av. J.-C.)

« Choisissez un travail que vous aimez et vous n'aurez pas à travailler un seul jour de votre vie. »

Aider l'autre à être vraiment soi-même et en faire son métier est certainement l'une des finalités les plus nobles qui soit. En effet, cela permet de construire un monde plus juste et plus durable, où chacun est à sa place. Les éducateurs, enseignants, écrivains, philosophes et de nombreux autres métiers à vocation peuvent en témoigner. Pour exercer ce type de travail, il est nécessaire d'être très conscient de soi-même, des autres et des événements afin d'aider, en respectant leur liberté, les personnes à s'orienter vers ce qu'il y a de meilleur pour eux. Seules certaines personnes, dotées d'une grande conscience, en sont pleinement capables. En Chine, un homme détient à la perfection cette capacité à porter un regard lucide et pragmatique sur la réalité : Confucius. De son vrai nom chinois Kongzi ou Kongfuzi (littéralement : « Maître Kong »), il est devenu le Maître de toute une civilisation. De nos jours, son influence est encore plus grande que celle de Bouddha ou de Lao-tseu.

Il est né en 551 environ av. J.-C., dans une Chine en guerre où les responsables politiques essaient de prendre pouvoir les uns sur les autres. Selon Confucius, ces derniers font honte à leur peuple. C'est pourquoi il essaye de les conseiller et de les influencer vers des comportements plus vertueux. Mais ses prêches auprès des puissants sont peu entendus. Patience et longueur de temps le découragent durant de nombreuses années. Cependant, ses premiers disciples gagnent petit à petit des places très stratégiques dans les royaumes. Voyant cela, de nombreux étudiants viennent spontanément écouter et prendre exemple sur le Maître. Il devient alors un professeur de vie très écouté de son vivant et son second groupe de disciples (Ziyou,

Zizhang, Zixia, Maître You, Maître Zeng) va répandre sa pensée à travers toute la Chine bien après sa mort (datée à 479 av. J.-C.).

Quelques siècles plus tard, les hommes comprennent petit à petit la profonde portée de ces entretiens qui deviennent petit à petit une référence pour tout le peuple chinois. Dès lors, les responsables politiques utilisent Confucius pour créer une base commune à tout un pays dont le défi le plus grand reste l'unité du territoire dans la paix. Aujourd'hui encore, ses entretiens sont obligatoirement étudiés au début de la scolarité des enfants chinois. Ce qui permet de construire une conscience collective et individuelle sur trois piliers anthropologiques solides : l'action, la réflexion et l'écoute.

1. Agir et vivre vraiment

Beaucoup d'Occidentaux sont ébahis devant la quantité de travail que les travailleurs asiatiques réalisent. Il est vrai que beaucoup d'entre eux, en particulier les Chinois, ont une capacité de labeur phénoménale si nous la regardons avec nos propres schémas de pensée.

Effectivement, l'importance donnée au travail est complètement différente en Occident et en Orient. Cela peut expliquer, par exemple, la différence de compréhension des engagements professionnels. La culture chinoise prône l'action comme moyen de parvenir à ses fins plus rapidement alors que les Occidentaux sont plus enclins à rationaliser et critiquer avant de s'engager. Or c'est bien la multiplicité de l'action qui va permettre d'avancer rapidement (si toutefois nous ne répétons pas nos fautes et nos erreurs).

Ainsi, Confucius place la pratique et le concret (le « *Li* ») comme une priorité de vie pour progresser. Par exemple, à l'époque, il considère que c'est le manque de rites qui crée une situation de discorde entre les responsables politiques des différents royaumes de Chine. Cadrer les rapports entre les individus et rétablir des rituels réguliers permettra un retour d'un plus grand respect entre les personnes. Pour lui, le « *Li* » est la bonté et l'exigence envers soi-même et les autres tel que : « Ce que tu ne voudrais pas que l'on te fasse, ne l'inflige pas aux autres » et « Souhaite le bien aux autres et fais du bien aux autres ». En résumé, « aimer les hommes ». Le « *Li* » permet à la vertu de bienfaisance, le « *Ren* », de s'exprimer pour une meilleure harmonie entre les hommes dans les sphères personnelle, professionnelle et sociétale. En d'autres termes, c'est bien par la pratique des rites et de l'action que l'homme peut grandir et évoluer vers son chemin d'épanouissement.

Tout compte fait, la faculté de « passer à l'acte » de manière prioritaire est l'un des premiers secrets de la philosophie de ce Platon chinois. Si nous attendons d'être expert pour entreprendre quelque chose, nous ne nous engagerons dans aucune action. Si nous lâchons prise sur notre peur d'agir ou notre intellect qui essaie de tout comprendre et tout maîtriser, alors entrer en action est salvateur. En réalité, c'est le retour d'expérience qui nous donne le mode d'emploi de ce qu'il est préférable d'entreprendre.

Ces préceptes vont en partie à l'opposé de la culture occidentale qui souhaite savoir et comprendre avant d'agir. Or, il existe toujours une grande différence entre ce que nous pouvons anticiper, comprendre (en somme, notre intellect) et la réalité. Confucius nous rappelle que l'action est sûrement plus importante que nous le pensons car, confrontés au réel, nous prenons plus rapidement conscience des ajustements à opérer pour avancer. Si nous restons dans notre mental, la tendance est grande de se fourvoyer dans des pensées égocentriques et stériles. Pis, si nous ne faisons pas honneur à nos talents reçus, nous ne vivons pas vraiment et laissons aux autres la possibilité d'écrire l'histoire. Rentrer dans le concret et aller face aux réalités avec bravoure permet de « tester » nos talents et de réaliser notre vie.

Un jour, Confucius parle avec son disciple Zilu qui lui demande : « Maître, qu'est-ce que gouverner ? »

Confucius lui répond : « Montrer l'exemple, l'exemple du travail. »

Zilu : « Quoi encore ? »

Confucius : « Ne jamais s'en lasser. Un homme juste ne tient de discours que s'il débouche sur la pratique. Voilà pourquoi l'homme de bien est si prudent dans ce qu'il dit. »

Le travail (qu'il faut comprendre dans un sens plus large, comme activité) prend sa pleine mesure dans l'action. La pratique permet d'utiliser notre vitalité dans le réel. Sans activité, il n'y a donc pas de vie.

Un autre jour, Zigong, un de ses disciples, s'enquiert : « Qu'est-ce qu'un homme de bien ? » Le Maître lui répond : « C'est celui qui ne prêche pas ce qu'il faut faire tant qu'il n'a pas fait ce qu'il prône. »

Par cet échange, le Maître chinois nous interpelle plus particulièrement au sujet d'une personne à responsabilités mais cela concerne chacun d'entre nous. Par ces simples dialogues, Confucius nous alerte profondément sur la vertu de l'action par le travail. De plus, nos actions sont jugées en permanence par rapport à nos dires. Si le tout est cohérent, la crédibilité est possible. Si nos paroles sont trop déconnectées de la réalité et du concret, peu importe la place que nous occupons dans la société ou dans l'entreprise, nous n'aurons aucun crédit de la part des personnes qui nous entourent.

De même, faisant l'éloge d'un de ses compagnons de vie, il annonce ceci : « L'homme de bien est lent à parler mais prompt à agir. Quand il vient d'apprendre un précepte, Zilu (un autre de ses disciples) n'a rien de plus pressé que de le mettre en pratique, et tant qu'il n'y est pas parvenu, sa seule crainte est de s'en voir enseigner un nouveau. »

Ainsi, si la théorie est complétée par la pratique et le concret, alors l'autorité est beaucoup plus forte. Nous imaginons bien comment un manager qui a aussi un pied dans l'opérationnel est plus crédible aux yeux de son équipe qu'un autre cloisonné dans des théories sans connaître les réalités du terrain.

Confucius oriente tellement ses conseils vers l'action que les grands politiques demandent à un de ses élèves, Zigong : « Votre Maître a-t-il atteint la sagesse suprême ? Comment se fait-il qu'il ait tant de compétences pratiques ? » Cette réflexion d'un premier ministre local, en 500 av. J.-C. environ, est très caractéristique du charisme et des préceptes de Confucius.

Petit à petit, Confucius commence à enseigner son savoir à de nouveaux disciples jeunes et volontaires. Sa réputation grandit alors fortement. Ainsi, un habitant de Daxiang s'exclame un jour : « Ce Confucius est sûrement un grand homme et, de plus, très instruit. Mais que sait-il faire de spécial qui lui vaille la célébrité ? » Le Maître chinois, à qui l'on a rapporté cette remarque, se tourne vers ses disciples : « Que pourrais-je bien faire de spécial ? De la course de char ? du tir à l'arc ? Eh bien va pour la course ! »

Cette réponse est naturellement ironique. Pour le sage, *l'homme de bien* n'est pas un ustensile destiné à un seul usage. Il pratique le « *Ren* » (le bien) et le « *Li* » (pratique, action, rites), qui lui permettent d'envisager n'importe quelle activité et pas seulement une seule. Contrairement à l'homme du commun dont la réputation de « grand homme » s'acquiert grâce à un talent spécial et unique, *l'homme de bien* sait se servir de son corps et de son esprit pour agir avec succès de différentes manières. En d'autres termes, Confucius nous assure que l'homme ou la femme d'action découvre plus facilement ses talents et n'a pas peur de les exercer quelle que soit la situation qui se présente. En résumé, l'action apporte la confiance d'être soi-même.

A contrario, ce qui rend Confucius anxieux, c'est de « connaître la vertu sans la cultiver, accumuler les connaissances sans les approfondir, entendre parler du Juste sans le pratiquer, voir ses propres défauts sans y remédier, c'est bien là ce qui me préoccupe ! » Pour lui, sans actes dans le présent, la vie n'a littéralement pas de sens car la vie peut vite s'arrêter sans que nous ayons pu « exercer » nos dons et être pleinement heureux. L'objectif du concret et de l'action fait écho à cette fameuse citation de l'économiste et philosophe du XXe siècle Keynes : « À long terme nous serons tous morts ! » Peu importe le type de situation, il ne faut pas craindre de faire une erreur et rentrer dans l'action pour avancer car il sera toujours temps de recommencer ou de réajuster nos actions.

Pour arriver à entrer plus directement dans l'action, Confucius utilise très régulièrement les comparaisons. Il est important pour lui d'ouvrir son esprit critique à l'Histoire pour évaluer ses actes dans le temps et par rapport aux autres (surtout aux anciens). Pour lui, prendre en considération les faits des autres n'est pas une preuve de faiblesse mais d'intelligence. Ainsi, la « Voie » n'est accessible que si l'on prend en héritage les conseils et préceptes des anciens qui, eux, ont fait leurs preuves. Par exemple, Confucius considère que, 600 ans avant sa naissance, les peuples chinois étaient beaucoup plus éduqués et civilisés qu'à son époque. Les responsables politiques étaient vertueux et aucune guerre n'avait cours durant cette tranche de l'histoire. L'explication est claire selon le penseur chinois : c'est en respectant les rites traditionnels (le « *Li* ») que les élites pourront être des exemples capables de servir leur peuple, afin qu'il s'élève de plus en plus vers *l'homme de bien* (personne parfaitement alignée avec la vraie et unique « Voie du Bien » à l'origine du monde). Pour ce faire, les hommes politiques doivent inspirer le reste de la population pour que, étape par étape, *l'homme de bien* émerge en chacun. C'est uniquement par exercice régulier et volonté que le peuple pratiquera le « *Ren* » puis la *sagesse suprême*.

Confucius prouve que si nous souhaitons avancer dans notre mission de vie, nous devons ressentir ce besoin d'agir, de faire un minimum nos preuves, d'offrir au monde notre valeur et de nous faire reconnaître pour ce que nous sommes vraiment. Pour cela, Confucius suggère que nous menions notre travail avec une sorte d'âpreté, avec un souci de perfection et d'exhaustivité pour « donner » et se « donner ». Pour lui, l'exigence révèle notre transcendance.

Cependant, nous pourrions consommer plus d'énergie que nous en recevons dans cet esprit de comparaison et d'exigence. En effet, son contemporain Lao-tseu nous prévient qu'il est souhaitable d'être en même temps dans l'action et dans l'inaction (le « non-agir »). Pour lui, la vertu suprême est de « produire et faire croître, produire sans s'approprier, agir sans rien attendre, guider sans contraindre ». En d'autres termes, être volontaire sans forcer le courant des événements et vivre sans s'approprier les fruits de nos actes, qui nous dépassent. Il est plus durable d'épouser le « cours de la vie » comme elle vient, sans lui tordre le cou dès qu'elle ne va pas dans le sens que nous avons anticipé. Telle une rivière qui ruisselle et parfois se fracasse sur les rochers mais qui continue à se déverser. La philosophie confucéenne et taoïste nous incite à être pro-acteur de notre vie en acceptant de changer de direction si la réalité du terrain nous y invite.

Confucius lui-même aurait voulu être un grand politique pour élever les gens vers leur « *Juste* ». Mais, durant ses premières décennies de vie d'adulte, il navigue de province en province pour proposer des conseils aux dirigeants sans jamais atteindre un poste digne de ce nom. Ses disciples le suivent tout de même et profitent de ses enseignements. À cinquante ans, il devient conseiller du ministre de la Justice au royaume de *Lu* mais quitte le ministère car il juge que ses conseils et avis ne sont pas écoutés. À lire ses écrits, le grand sage a donc toujours été dans l'action mais a accepté, avec de nombreux et profonds découragements, sa vie de prêcheur de rue sans domicile fixe et sans grands moyens financiers. Pour aller toujours de l'avant et ne pas s'apitoyer sur son sort, Maître Kong se réfugie dans ses livres. Il passe une très grande partie de son temps à s'enivrer des écrits des anciens pour en comprendre l'esprit et le sens. En effet, étudier et penser sont des activités extrêmement vitales pour toute personne qui, à l'image du grand Maître, souhaite se rapprocher de *l'homme de bien.*

Sa réplique à un de ses élèves résume parfaitement cet équilibre action/pensée si caractéristique de sa philosophie de vie : « Tu t'es pleinement acquitté de ta fonction ? Consacre-toi à l'étude.

Tu estimes avoir assez étudié ? Engage-toi dans une fonction ! » En somme, il existe un temps pour tout. Si l'action est suffisamment guidée par une juste pensée, elle en sortira renforcée. Si la pensée est confrontée au terrain, cette dernière en sera plus robuste.

2. Penser pour bien s'orienter

Admirateurs ou détraqueurs, tout le monde s'accorde sur le fait que Confucius réfléchit beaucoup. À lire ses écrits, cet homme est en permanence en train de penser. Non pas dans le vide, à ressasser des pensées irréalistes, mais de manière logique et équilibrée, notamment à partir des écrits des anciens. Le grand sage comprend dès son plus jeune âge que des milliards d'êtres humains ont vécu avant lui et que certains ont nécessairement pensé avant lui. Ainsi, autant avoir l'humilité et s'en inspirer. D'ailleurs, il confronte les analyses des grands écrivains de la civilisation chinoise durant des années entières puis les complète en proposant sa propre analyse. Il nourrit son intellect de manière constante tout au long de sa vie et compile cinq grandes œuvres littéraires en y ajoutant ses commentaires, ce qui donne naissance à une « bible chinoise ». Cette œuvre littéraire constitue une plus-value inestimable au patrimoine culturel de la Chine.

Grâce à cette extraordinaire propension à réfléchir, Confucius prêche auprès des jeunes par de simples dialogues avec une profondeur d'esprit stupéfiante. Parlant peu mais de manière très structurée, l'enseignant n'a de cesse d'affiner ses pensées avec son vécu. Le sage a une grande capacité à conceptualiser des actions. Ces échanges témoignent d'une grande capacité à élaborer une représentation abstraite pour mieux comprendre une idée ou une situation ou encore une personne. Confucius détient également le génie de la réflexion concrète qui valide la pertinence de ses pensées. Le philosophe réalise des « allers-retours » entre des réflexions pratiques et conceptuelles, ce qui donne une profonde véracité intellectuelle à sa pensée.

De plus, le grand professeur a une facilité à raisonner aussi bien sur les actes en eux-mêmes que sur leurs conséquences. Cet équilibre de raisonnement montre sa crédibilité intellectuelle. Ainsi, Confucius attire naturellement de nombreux élèves d'horizons très divers : Zilu, le plus connu, est solide, direct, carré, avec un franc-parler digne d'un soldat ; son opposé, Ran Qiu, politique, diplomate, adaptable, conciliant ; Zigong, le riche, toujours chanceux dans la vie, éloquent, très à l'aise en société et fin politique ; et Yan Hui, très bien élevé, pauvre et humble (il est le préféré du Maître Confucius pour son intelligence et ses vertus). Tous aiment dialoguer et débattre des questions de leur temps avec leur éducateur aussi énigmatique que charismatique.

Mais, le grand intellectuel ne manque pas pour autant d'humanité car le groupe partage tout. Du soir au matin, les membres de la compagnie de Confucius sont réunis. Le professeur passe la plupart de son temps au contact de ses élèves pour les instruire en continu. Il aime partager son goût pour la musique et son sens de l'humour mais l'étude et la méditation ont pour lui des vertus qu'aucune autre activité ne peut procurer. Cela lui donne un sentiment de « croissance intérieure », de développement de son être, voire de son âme. Car c'est bien la complémentarité des deux activités distinctes (méditation et étude) qui permet d'avancer vers le « *Ren* » et le « *Li* ». Pour lui, « étudier sans réfléchir est vain ». La pensée méditative fait partie intégrante de la vie selon Confucius. Elle « équilibre » l'intellect et permet de développer des capacités comme l'écoute, la concentration ou l'empathie, qui sont primordiales pour atteindre le « *Ren* ». Pas assez démocratisées de nos jours, ces méthodes sont néanmoins d'une utilité remarquable : elles permettent de réapprendre à vivre à un rythme plus sain et à « calmer » son mental, parfois submergé par des pensées et émotions incessantes, négatives, non structurées et très souvent illogiques.

Grâce à ces échanges permanents, Confucius a conservé jusqu'à sa mort une jeunesse d'esprit remarquable. Loin de perdre la mémoire, il ne cesse à plus de 75 ans de s'exercer à

« déconditionner » son cerveau en confrontant ses idées avec celles de ses étudiants.

En effet, en ouvrant en continu son esprit à d'autres manières de penser, il réussit à entretenir une souplesse d'esprit extraordinaire. Ainsi, il affine la compréhension des enjeux immuables de la vie de l'Homme tout en affinant ses réflexions grâce à des avis, idées qui viennent de l'extérieur. Connaissant ses propres fonctionnements internes, Confucius comprend de mieux en mieux ses relations avec les autres et n'hésite pas à se mettre en situation de solitude pour développer l'originalité de ses analogies et donner de la singularité à sa pensée.

C'est avec cet esprit toujours renouvelé qu'il élabore la théorie des critères de jugement. Pour savoir si l'homme est sur la grande « Voie », il ne compte que sur des critères de discernement qui sont par définition mouvants. Pour lui, en fonction de la situation et des retours terrain, les critères d'une bonne action changent avec le temps. À l'exact inverse des critères dogmatiques et fixes. D'où l'importance de former l'intelligence des esprits des personnes (notamment des responsables politiques) afin qu'ils regardent les règles communes comme possiblement améliorables.

En tout état de circonstance, si Confucius n'arrête pas de penser, c'est que cette activité cérébrale lui procure un bien-être certain. Réfléchir aux finalités poursuivies par l''être humain à travers ses actions enrichit intérieurement sa personne. Comme d'autres ont besoin de réussir de nouveaux challenges professionnels ou personnels pour se sentir progresser, Confucius a fondamentalement besoin de faire fonctionner son intellect de manière récurrente. Mais si Confucius réfléchit par « nécessité » car il en a besoin, il a pour but le bien commun et non son ego. Ses réflexions ont pour unique but de rétablir une harmonie entre les hommes qui a été perdue depuis des siècles.

Effectivement, deux siècles avant sa naissance, la Chine voit un effondrement des ducs vassaux du roi Zhou à cause, notamment, de coalitions de tribus et de vassaux rebelles. Par ricochet, dans chaque territoire chinois, la décadence politique, militaire, économique et culturelle s'accentue de façon pathétique. Emprisonnements et trahisons sont monnaie courante, l'anarchie généralisée est proche. Dans ce contexte, Confucius souhaite donner les clés pour retrouver la « *Voie* » (le « *dao* »), la route de communion qui régnait à l'Origine en cohérence avec celle des anciens, des Sages Rois de l'Antiquité. Il se sent chargé d'une mission : « éveiller le monde comme un gong » et lui faire retrouver la « Voie perdue ». S'il pense, c'est donc pour la collectivité et non pour lui. Il pense et partage ses idées pour améliorer le sort de ses semblables en s'inspirant des grands Sages comme Yao, Shun et Yu, les pères fondateurs de l'âme chinoise. Sa pensée est donc toujours ouverte sur le service à l'autre. Réfléchir seul, sans partager ses idées avec le reste du monde, est pour lui un non-sens inutile qui ne fait grandir personne (pas même le penseur). La théorie confucéenne n'a de sens qu'en relation avec les autres. Sa pensée est donc fondamentalement altruiste, globale et relationnelle.

Finalement, les conséquences d'une « juste » réflexion apportent une grande harmonie tant à l'intérieur qu'à l'extérieur de soi, au bénéfice des autres et du monde. Pour Confucius, la réussite des talents (intellectuels entre autres) se mesure à leur rayonnement social. À l'inverse d'une mentalité individualiste qui ne cherche que son propre bonheur, Confucius nous alerte sur une conception plus large de notre conscience humaine enracinée dans l'action, renforcée par la réflexion et éveillée par une écoute active du monde et des autres.

3. Écouter et éveiller ses talents

« Il me faut écouter beaucoup pour adopter la meilleure part de la connaissance et voir beaucoup pour en prendre bonne note afin d'accéder au second degré de la connaissance. »

Face au « paraître » et à « l'avoir », la citation de Confucius sonne comme une prophétie : il nous faut « être » et « écouter activement » pour goûter les vraies saveurs de la vie.

Si le grand savant propose à ses élèves avec insistance d'habiter pleinement le présent, c'est qu'il sait l'importance de l'écoute dans la vie d'un homme. Être présent à soi, à l'autre et au monde constitue une aptitude fondamentale pour devenir un *homme de bien* et goûter ce que le temps offre gracieusement. Confucius incarne parfaitement ses préceptes sur l'attention et la concentration, ce qui crédibilise sa parole aux yeux de ses interlocuteurs.

Sa présence est si intense qu'il arrive à capter les émotions d'autrui et du monde pour apporter des conseils extrêmement ciblés et adaptés à chaque personne qui le consulte. Lorsqu'il écoute une question d'un de ses élèves, sa concentration est quasi immédiate et totale, comme s'il arrivait à vivre l'autre de l'intérieur. Durant ces conversations, il se dégage de tout système de projection, ce qui lui permet d'être pleinement présent pour la personne qui est en face de lui. D'ailleurs, il attire des personnes très différentes sans avoir d'*a priori* sur elles. Par exemple, ses disciples viennent de tous les milieux (Tsogong est un commerçant, Tzonlong un militaire, Ianoui un noble et Jongog vient de milieux mafieux !). De plus, il arrive à conseiller des personnes très différentes, passant d'un homme qui ne sait ni lire ni écrire à des seigneurs ou des ducs de familles royales. Sans jamais juger les hommes en tant que tels mais uniquement leurs actes et leurs paroles, Confucius se dégage de tout rôle superficiel et garde sa pleine identité pour répondre le plus justement aux questions.

Ainsi, le sage écoute profondément son interlocuteur pour le comprendre véritablement. Son attention est très importante car les problématiques et questions de vie peuvent être similaires à tout un chacun mais l'art d'y répondre est toujours unique. Pour permettre à l'autre de s'épanouir toujours plus, Confucius met tous ses sens en éveil pour identifier de manière précise ses questionnements et autres interrogations. C'est à partir de la personne que Confucius va élaborer sa réponse. De même, il sait respecter « le temps de l'autre » et donne ses conseils en fonction du degré de maturité de la personne qui le consulte. Doté d'une très forte intelligence interpersonnelle, Confucius utilise les images et symboles que ses interlocuteurs connaissent pour mieux tisser des ponts de dialogue avec les autres. Grâce à une grande acuité, il en déduit des raisonnements et conclusions de vie imparables que les gens peuvent vérifier dans leur propre vie.

Écouter activement une personne, c'est se donner la merveilleuse chance de mieux connaître ses talents, fonctionnements intérieurs, qualités, peurs, envies, désirs, faiblesses, etc. Et finalement, mieux communiquer et collaborer avec elle. Être entièrement disponible à l'autre est aussi nécessaire dans le monde du travail que dans la sphère privée (relation amoureuse, amicale ou familiale…). Si l'attention envers l'autre n'est pas assez élevée, alors la relation humaine perd de sa saveur, voire de sa dignité. Confucius va même jusqu'à dire que « parler sans observer l'expression du visage, c'est de l'aveuglement ».

Son confrère philosophe Lao-tseu complète son intuition en précisant que si nous prenons la peine d'écouter vraiment les personnes, il en ressort toujours du positif. Même chez notre pire ennemi, nous pouvons trouver des qualités, car il n'existe pas de simplification dans la nature, notamment humaine. L'image du point blanc (*Yin*) dans le côté noir (*Yang*) et du point noir (*Yang*) dans le côté blanc (*Yin*) symbolise leur pensée. Tout est entremêlé. La vérité n'est jamais simple à trouver. L'homme de raison prend toujours le temps de bien distinguer les éléments pour ne pas formuler des amalgames à l'emporte-pièce. Ainsi, comme dit Confucius, « quand on se promène ne serait-ce qu'à trois, chacun est certain de trouver en l'autre un maître, faisant la part du bon pour l'imiter et du mauvais pour le corriger en lui-même ». À nous de faire l'effort…

Pour arriver à la sagesse suprême, le sage chinois ne conseille pas autre chose que de regarder les autres avec précision pour s'inspirer de leurs charismes ou éviter leurs vices : « D'un homme, observe la manière d'agir, examine les motivations, vois où il trouve son bonheur. N'est-ce pas le sûr moyen de le reconnaître ? » ; « Si tu rencontres un homme de valeur, cherche à lui ressembler. Si tu rencontres un homme médiocre, cherche ses défauts en toi-même ». L'écoute n'est donc pas uniquement dans les paroles que l'interlocuteur prononce mais aussi dans son comportement. À bien des égards, Confucius considère que nous apprenons plus d'une personne en regardant ses actes qu'en écoutant ses phrases. Une anecdote le décrit avec beaucoup d'humour et de sagacité. À la vue de Sai Wo qui dort au beau milieu de la journée, le Maître dit : « Il est aussi impossible de sculpter du bois pourri que de passer la truelle sur un mur de gadoue. Ce Sai Wo ! À quoi bon le réprimander ? » Puis il poursuit : « Au début j'écoutais ce que les gens disaient, en supposant qu'ils joindraient le geste à la parole, mais à présent, après les avoir écoutés, j'observe leur comportement. C'est à Sai Wo que je dois ce changement. »

L'écoute du monde et des autres est tout aussi nécessaire pour faire grandir notre conscience. D'ailleurs, les analogies, dictons, anecdotes et autres paraboles viennent de l'observation de l'environnement. Être sensible au milieu qui nous entoure, aux mouvements collectifs, permet de mieux « goûter » la vie. Mieux ressentir le temps qui passe permet de mieux en profiter, de le savourer avec éternité. Comme dit le Maître de l'Empire du Milieu : « Ne crains point de rester méconnu des hommes, mais bien plutôt de les méconnaître toi-même. » Nous sommes fondamentalement des êtres de relation. En entreprise, en famille ou dans nos groupes d'amis, nous tissons des liens avec des groupes de personnes et nous vivons dans des contextes qui évoluent. Confucius décrit de manière insistante les bienfaits d'être présent au monde en le regardant tel qu'il est.

Au-delà de l'écoute de l'autre, du monde et des autres, Confucius insiste de manière quasi obsessionnelle sur l'importance de la connaissance de soi. Pour arriver au stade de *l'homme de bien*, il est nécessaire également de se connaître pour progresser vers le « *Ren* ». Confucius lui-même sait identifier ce qui lui convient, ses forces, ses faiblesses, ses talents, ses fonctionnements intérieurs. Ne pas se croire surpuissant sur la connaissance de soi-même mais lucide sur ses possibilités et ses limites résume la conception du sage sur la connaissance de soi. Mais cela passe obligatoirement par une réelle et large écoute. Écouter son corps, son instinct, ses désirs profonds, sa spontanéité, etc. sont des niveaux d'attention essentiels pour celui qui veut s'épanouir réellement et être heureux. Bien avant les psychothérapeutes de la méthode Vittoz (thérapie psychosensorielle qui s'appuie sur une reconnexion à nos cinq sens), Confucius nous exhorte à rester connecté à ce qui nous entoure et à nous-mêmes pour mieux vivre.

Malheureusement, les temps modernes nous poussent à vivre avec une rapidité inhumaine qui ne permet pas de savourer pleinement l'instant présent. Le zapping incessant des informations, des envies, des objets achetés, des amis, des activités, des lieux, d'expériences, etc. n'incite pas à profiter vraiment du temps qui nous est donné. Dès lors, si cette aptitude est nécessaire mais si peu encouragée par nos sociétés, quels peuvent être les moyens de la développer ?

Une première méthode consiste à consacrer toute son énergie au développement de la réceptivité de son corps et de ses sens. Stimuler tous ses sens et s'exercer à les exprimer de la manière la plus engagée possible est vraiment salvateur. Confucius lui-même a concocté un programme pour ses étudiants sur la base de pratiques physiques et intellectuelles. Six arts sont à l'honneur : conduite de char, tir à l'arc, calligraphie, rites traditionnels (exemple : la cérémonie du thé), musique et mathématiques. Confucius a bien compris comment l'éducation du corps peut éduquer le mental et vice versa. Ces disciplines, très en vogue dans son temps, font appel aux cinq sens de l'être humain. En d'autres termes, il souhaite développer la capacité de ses élèves à être vraiment présents et ouverts à l'instant par une plus grande attention à leur ouïe, vue, odorat, toucher et goût. À l'inverse, l'enseignant prône une activité intellectuelle (les mathématiques) pour insuffler directement un esprit de concentration dont profitent tous les membres du corps.

La deuxième méthode est directement axée sur notre cerveau. Nous savons de nos jours qu'il est possible de reprogrammer notre mental pour développer certaines aptitudes. Au lieu de subir les aléas de nos pensées, nous sommes capables de tempérer les liens dans notre tête, notamment en ce qui concerne notre raison et nos émotions. Plus encore, nous pouvons reposer les conditions pour être plus ancrés dans le présent. Selon lui, « méditer sans étudier est périlleux ». La méditation fait partie intégrante de la vie de sagesse. Faire vibrer et intérioriser une émotion, un contact, une idée, un échange, un paysage… par un repos de l'esprit est l'un des meilleurs moyens pour faire grandir sa capacité de présence et donc son autorité naturelle. Car dès lors que nos actions, pensées et paroles sont vraiment nôtres, notre vraie personnalité renaît et nos talents avec. Nous ne sommes meilleurs que quand nous sommes réellement nous-mêmes. Ainsi, Confucius se laisse pénétrer par « l'inspiration » et réussit à s'extraire de lui-même et à se décentrer, ce qui provoque une authenticité imperturbable. Grâce à cela, il s'efface devant ses propres paroles et inspire des milliards d'hommes durant des millénaires ! C'est ce que le philosophe Bergson appelle « l'intuition ». Le talent est si travaillé et maturé qu'il arrive à son « summum ».

Le grand Maître chinois n'a donc rien fait d'exceptionnel, il vit en pleine conscience tout simplement. Sachant se libérer sur commande de son passé et de son avenir pour mieux profiter du présent, Confucius nous prouve que la haute conscience au service du monde peut s'acquérir au fil du temps si nous y consacrons des efforts réguliers. Par sa simple densité d'être, Confucius entraîne avec lui de nombreuses personnes sur les routes de Chine et saisit toutes les situations nouvelles avec une curiosité et une disponibilité d'esprit hors normes. « La sagesse, c'est connaître les hommes. Choisir les hommes droits et les placer au-dessus des hommes pernicieux afin que ces derniers s'en trouvent redressés », dira-t-il à Fan Chi, un de ses compères.

Ainsi, tout compte fait, lorsque nous réussissons à élever notre conscience, nous élevons celle des autres. Il existe une contagiosité de la conscience. Par bonheur, ces effets communicatifs marchent également avec l'enthousiasme :

lorsque nous sommes heureux, nous sourions et les autres nous renvoient un autre sourire qui devient alors une joie partagée !

II. Mère Teresa, la sainte de l'enthousiasme

(1910-1997)

« La meilleure façon de témoigner de notre gratitude à Dieu et aux hommes est de tout accepter avec joie. »

Son vrai nom est Agnès Bajaxhiu mais elle restera à jamais Sainte Mère Teresa. Née à Skoppe en Albanie le 26 août 1910, cette femme a accédé à une grandeur d'âme à laquelle peu de personnes peuvent prétendre. Avec des moyens plus que dérisoires, cette femme extraordinaire a rendu à des centaines de milliers de rejetés de la société ce que nous avons tous de plus précieux : notre dignité.

La jeune fille part de chez sa mère à 18 ans (son père est décédé quand elle avait 8 ans) et rentre au noviciat chez les sœurs de Notre-Dame-de-Lorette. Sa formation de religieuse commence en Irlande durant deux ans puis en Inde, où elle continue son apprentissage et apprend le bengali.

Elle commence son apostolat à Darjeeling, dans le nord du pays, en donnant des cours pour les enfants de la classe supérieure indienne. Une quinzaine d'années après, la jeune religieuse ressent un profond appel de son Dieu à quitter sa congrégation et se mettre au service « des plus pauvres parmi les pauvres ». Deux ans plus tard, en 1950, l'Indienne de cœur fonde une nouvelle congrégation du nom de « Missionnaires de la charité ». S'ensuit l'ouverture de centres sociaux, d'équipes mobiles pour prodiguer des soins d'urgence à destination des lépreux puis de dispensaires pour les jeunes enfants. Aujourd'hui, la communauté compte des centaines de structures à utilité sociale sur toute la planète dans un seul et unique but : prendre soin des plus pauvres d'entre les pauvres.

Même si son travail est spectaculaire à bien des égards, de nombreuses autres personnes ont réussi à servir leur Dieu et leur prochain en créant des œuvres de charité d'une aussi grande envergure. Alors pourquoi Mère Teresa est-elle passée à la postérité de manière si unanime ?

Peut-être parce que sainteté rime avec discerner. En effet, il est impressionnant de constater que chacune de ses décisions est alignée avec ses aspirations profondes et les besoins du monde. Comme si Mère Teresa détenait une force surnaturelle qui lui permettait de comprendre les besoins des gens avec une grande sagacité tout en donnant un gigantesque « boost » d'enthousiasme à ses interlocuteurs. Ce que cible et donne Mère Teresa est d'une « justesse » telle que ses actes bonifient instantanément les hommes et leurs cœurs. À croire que cette femme est vraiment inspirée par les cieux !

1. Apprécier la réalité telle qu'elle est

Si Mère Teresa était née à une autre époque, il serait difficile de croire à son histoire. Comment une simple religieuse, n'ayant pas fait de grandes études, a-t-elle pu marquer l'Histoire du monde à ce point ?

En premier lieu, ce qui distingue Mère Teresa, c'est son extraordinaire capacité à avancer rapidement grâce à un très grand pragmatisme. Elle est dotée d'une impressionnante facilité à appréhender les situations et les personnes avec justesse, ce qui lui permet de réaliser petit à petit sa mission de vie (considérée non comme la sienne mais comme celle de son Dieu, Jésus-Christ).

Par exemple, la religieuse comprend très tôt qu'une vie réussie ne se juge pas aux biens matériels accumulés ou au nombre de zéro sur un compte en banque mais à la capacité d'émettre de l'amour dans son quotidien. Ce recul sur la réelle substance de la vie dévoile le signe d'une grande maturité humaine. Effectivement, seul l'amour demeure et ne passe pas. Il est très facile de faire la guerre, de tuer, de détruire, de répandre le mal. En revanche, construire sa vie sur des actes d'amour, de pardon, de fraternité, de solidarité est beaucoup plus exigeant et durable…

Très tôt, Mère Teresa compare les « styles » de vie qui peuvent lui permettre de répondre, en fonction de ses propres aspirations, à ce désir d'amour inconditionnel envers son Dieu et les autres. Ainsi, son équilibre personnel lui permet de choisir le mode de vie le plus adapté pour « offrir » au monde ses talents d'aide et de compassion. La vie religieuse lui paraît le meilleur moyen pour diffuser cet amour.

Au-delà du choix de sa vocation, Mère Teresa repère petit à petit et avec véracité les missions concrètes où elle se sent profondément appelée. Un jour, durant un trajet en train de Calcutta à Darjeeling, où se tient la retraite annuelle de sa communauté, elle « entend » un appel à quitter ses sœurs de Notre-Dame-de-Lorette pour servir les exclus de la société indienne. Quelques mois plus tard, la religieuse se balade seule, sans moyens et sans vraiment savoir par où commencer sa tâche. Forte de son expérience d'enseignement avec son ancienne congrégation, elle commence par instruire les enfants de la rue sous un arbre avec un simple bout de bois pour écrire sur la terre…

En étant sans cesse sur le terrain, la religieuse comprend vite que la priorité n'est pas l'éducation mais les mourants isolés dans la rue. Pour Mère Teresa, accompagner ces braves gens est en réalité le vrai et unique besoin. Aider à mourir dans la dignité, voici l'urgence du monde selon elle. Cet objectif peut paraître complexe et inatteignable mais il correspond à la toute première nécessité de ces personnes. Retrouver une dignité avant de mourir. Mais comment permettre de rehausser l'estime de personnes qui vivent dans des conditions plus misérables que certains animaux ?

Pour répondre à ces nouveaux besoins, la sœur loue un deux-pièces à l'étage d'une maison individuelle et y installe, dans l'une une salle de classe, dans l'autre un lieu d'accueil pour les causes perdues qui sont souvent refusées à l'hôpital (les lépreux constituent le plus gros de la troupe car ils sont rapidement rejetés par leur famille et finissent dans la rue). En s'occupant des malades de manière extrêmement simple et très humaine, elle met en pratique un principe chrétien qui précise que l'aide aux plus pauvres est une aide directe à Dieu lui-même. De fil en aiguille, la sœur acquiert une réputation de sainte dans tout Calcutta.

En sondant la misère la plus profonde, la sœur juge les priorités concrètes à assurer jour après jour. Pour elle, le principe de base d'une vie humaine est le respect de sa dignité, quelle que soit sa couleur de peau, race, religion, ethnie, caste, origine… C'est avec une très grande douceur et bienveillance que la petite femme rassemble toutes ses forces pour offrir un maximum d'humanité à des personnes qui pensent l'avoir perdue. Comme l'écrit l'écrivain et philosophe Pierre Lecomte du Noüy (1883-1947) dans *L'Homme et sa destinée :* « Il n'existe pas d'autre voie vers la solidarité humaine que la recherche et le respect de la dignité individuelle. » Partant de ce constat, Mère Teresa s'efforce nuit et jour, avec une empathie quasi mystique, de traiter les plaies dues à la lèpre, et soulage les souffrances physiques, psychologiques et spirituelles d'un nombre incalculable de miséreux. Outre le fait d'évaluer avec magnanimité le réel besoin des nécessiteux, Mère Teresa comprend de quelle manière il convient d'agir pour soulager les souffrances : donner un maximum d'humanité dans tout geste et regard pour que chaque mourant se sente, au moins une fois dans sa vie, aimé à l'infini.

En redonnant de la dignité aux malades, le mini mouroir de la sainte permet à de nombreuses personnes d'être arrachées d'une mort quasi certaine. Certaines réussissent à consolider leur état de santé, se reconstruisent petit à petit et arrivent même parfois à se réinsérer dans la société. D'ailleurs, d'années en années, l'espérance de vie augmente significativement dans les centres des Missionnaires de la charité ! Preuve que d'être baigné dans une véritable humanité permet aux autres et à soi-même d'être en meilleure santé !

Aux yeux de ses sœurs et des plus pauvres, Mère Teresa est d'une certaine manière la reine de la perspicacité humaine.

Mais d'où lui vient cette merveilleuse capacité à voir les vrais besoins des personnes et les « bonnes » solutions ?

Sa capacité vient d'un cadre de pensée extrêmement clair. Mère Teresa sait très précisément ce que doit être la dignité d'une personne pour elle. Avec ce cadre de référence inscrit au plus profond de son âme, elle peut vite évaluer de quoi a fondamentalement besoin autrui. Peu importent les circonstances, le lieu, les personnes, le sujet, etc., la femme ne perd pas de vue l'essentiel : tout doit représenter et être au service de « l'Amour de son Dieu », et ce, quelle que soit la situation. Pour elle, son Dieu est tout, et il est Amour donc tout doit être Amour (projets de vie, regards, sourires, écrits, gestes, actes, paroles…).

Dans cet esprit d'espérance, elle montre tour à tour à des centaines de sœurs qui sont venues la rejoindre comment reconnaître et répondre aux besoins d'une personne en grave détresse. Pour la sainte, savoir réagir face à une personne qui n'a plus de membres, dont la maladie a déformé des parties entières du corps ne s'apprend pas à l'école d'infirmières mais en édifiant son regard et son cœur. Voici ce qui résume la méthode Mère Teresa. Cela est d'autant plus complexe que chaque malade arrive dans un état physique et émotionnel différent et avec des histoires diverses et variées. Les réponses à apporter sont donc à adapter en fonction du malade. Seule la finesse de cœur et la sensibilité d'une belle âme permettent d'agir avec justesse. Mais heureusement, l'entraînement fait également son œuvre. Plus la religieuse avance dans sa mission, plus elle juge les nécessités auxquelles elle doit répondre avec naturel et spontanéité. Sa force de conviction grandit au fur et à mesure que son action se confronte au réel. Son « assise » sur ses principes se fortifie petit à petit et donne même naissance à ce fabuleux poème, l'*Hymne à la vie* :

« La vie est une chance, saisis-la
La vie est beauté, admire-la
La vie est béatitude, savoure-la
La vie est un rêve, fais-en une réalité
La vie est un défi, relève-le

La vie est un devoir, accomplis-le
La vie est un jeu, joue-le
La vie est précieuse, prends-en soin
La vie est une richesse, conserve-la
La vie est amour, jouis-en
La vie est promesse, remplis-la
La vie est un hymne, chante-le
La vie est un combat, accepte-le
La vie est une tragédie, prends-la à bras le corps
La vie est une aventure, ose-la
La vie est un bonheur, mérite-le
La vie est la vie, défends-la. »

Cependant, face à de telles atrocités, nous pourrions penser qu'à long terme, cela pourrait amener la religieuse à fuir ou à choisir des missions moins dures humainement. En effet, vivre « h24 » au contact de personnes déchiquetées par la maladie peut sembler complètement inhumain. Pour Mère Teresa, il n'en est rien, bien au contraire.

En réalité, elle tire une énergie considérable de ses échanges extrêmement sincères et authentiques avec ceux qui ont besoin d'aide. Plus elle aide concrètement une personne, plus elle se sent vivre. Extrêmement réceptive à son environnement, elle retire une certaine force physiologique et mentale de l'aide qu'elle apporte gracieusement aux autres.

Il en va de même pour certains d'entre nous qui percevons intuitivement les qualités et les besoins des autres. Souvent, ces personnes ont tendance à dire chaleureusement aux autres ce qu'il y a de bien en eux et à les aider à surmonter leurs problèmes. Cela ne veut pas dire que ces personnes n'ont pas aussi besoin de moments de solitude mais globalement, leur source d'énergie provient de leur relation affective avec l'autre, notamment en lui apportant une aide qui peut être matérielle ou immatérielle (écoute, sourire, dialogue bienveillant, paroles valorisantes…). En d'autres termes, les besoins concrets de certains permettent de révéler les talents d'humanité des autres. Mère Teresa en est le parfait exemple.

Un autre élément d'intrigue réside dans son rythme de vie extrêmement dense. Tous les témoignages de la sainte s'accordent dans ce sens. Il est vraiment stupéfiant d'énumérer les innombrables actions que peut entreprendre la Mère supérieure dans sa journée. Entre les levers à 5 heures du matin, les heures de soutien et de soin aux mourants, la gestion des entrées et des sorties des dispensaires, les visites journalières dans les bidonvilles, la rédaction de lettres et autres correspondances, les rendez-vous avec les responsables politiques, présidents d'associations et mécènes… Cette femme a œuvré toute sa vie par une énergie complètement hors normes. Elle est sur tous les fronts, tant opérationnels que stratégiques. La mère supérieure de la congrégation est partout ! D'ailleurs, cette femme au cœur immense n'a jamais pris un seul jour de vacances de sa vie. Comment est-ce humainement possible ? Comment n'est-elle pas morte de désespoir et de fatigue ?

Au-delà du nombre de missions entreprises dans une journée, ce qui surprend plus encore, c'est l'intensité avec laquelle elle réalise ses actions. Mère Teresa empile les missions quotidiennes avec facilité mais aussi avec une grande profondeur, goûtant chaque minute de vie sur terre. Nous pourrions penser qu'il est difficile d'être totalement engagés dans ce que nous entreprenons lorsque nous avons beaucoup à faire. En fait, c'est plutôt l'inverse : plus nous apprenons à « évaluer » une action, une situation, un comportement grâce à des repères et un système de références solide (qu'ils soient relatifs ou absolus), plus nous serons capables d'avancer de manière stable, avec une « force tranquille ». Avec son référentiel de ce que doit être la dignité d'un être humain, Mère Teresa s'habitue à donner de sa divine bienveillance ; cela lui permet d'entreprendre avec encore plus de profondeur et d'acuité. De nombreux ecclésiastiques ou bénévoles de sa congrégation évoquent son simple regard qui « dénudait » son interlocuteur. Comme si l'intensité d'amour de son regard permettait de voir le cœur des personnes. Mère Teresa parle en vérité ou agit. En fait, l'intégrité dans les rapports humains permet, dans la discussion, d'aller beaucoup plus vite à l'essentiel, et cela donne vraiment vie à la relation ; ce qui permet de mieux agir par la suite. À l'inverse, des dialogues peu authentiques sont souvent stériles. Mère Teresa a comme référentiel unique l'amour universel et apprécie la réalité en fonction de ce seul critère. Ainsi, elle apprécie la réalité telle qu'elle se présente en étant elle-même, sans jouer de rôle. Ce qu'elle entreprend est tellement épris de véracité, qu'elle n'a nul besoin de revenir dessus.

Une autre explication tient dans sa capacité à saisir toutes les occasions de s'enrichir par les contacts avec d'autres personnes. La personnalité de Mère Teresa est très centrée sur l'affectivité. Grâce aux retours positifs des aidés et à l'inestimable reconnaissance qu'ils lui apportent, sa confiance et son estime se renforcent et lui permettent d'œuvrer toujours plus. De ce fait, la bonne sœur a tendance à donner beaucoup d'affection, de sympathie, parfois plus qu'elle n'en reçoit, pour conforter l'assurance de « mériter » pleinement l'intérêt et l'affection des autres. Le cercle vertueux est alors enclenché. L'environnement affectif est positif et cela lui redonne de l'énergie pour donner le meilleur d'elle-même. Conséquence : elle est « boostée » pour entraîner les autres. Dès lors, quelques mots ou un simple regard suffisent pour remotiver ses sœurs et donner de l'espérance aux malades. Avec sa manière directe et paisible de communiquer, la remobilisation des troupes est facile pour Mère Teresa. De même, quand la supérieure s'adresse individuellement à l'une de ses sœurs, la qualité de l'échange provoque toujours du positif. Si son engagement affectif atteint un certain niveau, elle se sent même habitée d'une grande force qui la pousse à prendre des risques et à agir avec audace, toujours pour le bénéfice de ses méprisés. Cet engouement contagieux explique bien des comportements imprévisibles comme le fait de transgresser les codes de la bienséance mondiale, de pouvoir convaincre de très riches donateurs de lui accorder des financements dès le début de ses actions dans la rue, de demander auprès des décideurs politiques des faveurs administratives impensables… Pour elle, nous sommes nés pour être aimés et pour aimer. Par son référentiel lié à l'amour de son Dieu et de son prochain, Mère Teresa est plus que comblée et agit avec une énergie incroyable !

En s'occupant des êtres les plus marginalisés de la société, en leur redonnant une estime d'eux-mêmes, Mère Teresa pulvérise toutes les barrières, préjugés et fausses idées hérités de notre passé ou construits durant notre vie. Au contact de Mère Teresa, tout cela vole en éclats. Paradoxalement, en balayant les fausses croyances limitantes, Mère Teresa nous montre comment regarder plus « objectivement » la personne (ou la situation) en face de nous. Sa grande finesse de perception permet de recueillir un maximum d'informations sans les biaiser par des jugements trop hâtifs. Être objectif pour bien juger la réalité qui se présente correspond à son deuxième grand charisme.

2. Être rigoureux pour valoriser ses actions et ses idées

Est-ce que Mère Teresa est une surdouée ? Eu égard à la dimension planétaire de ses actions, nous pouvons nous poser la question ! Sans une roupie en poche, elle crée une congrégation religieuse gérant des centaines de structures sociales à travers le monde. Aucun écrit souligne une intelligence hors normes mais l'importance et la grandeur de ses actions poussent à analyser ses capacités intellectuelles hors du commun…

En effet, plusieurs exemples de sa vie nous prouvent que Mère Teresa mobilise son énergie très facilement pour analyser une personne, une idée ou une situation avec grande rigueur. La sainte fait preuve d'une rationalité implacable qui lui a permis de discerner, avec une rapidité déconcertante, ce qu'elle doit entreprendre. Tant dans ses grands choix que dans ses actions de tous les jours, la sainte est d'une logique intraitable dès qu'il s'agit de soulager la souffrance de ses malades.

La supérieure des Missionnaires de la charité à la capacité d'utiliser avec précision l'ensemble des informations reçues pour bien agir ou prendre la bonne décision. Quelle que soit la nature de l'information, Mère Teresa la traite de manière très rationnelle. Peu importe le type d'information ou la problématique à résoudre (traits de personnalité d'une personne, plan d'urbanisme d'une ville, comptabilité de sa congrégation, fonctionnement médiatique de sa personne, rapports de force politique au niveau local ou national...), la sœur de Calcutta raisonne et s'adapte de manière simple et limpide. À l'heure de la polyvalence des compétences et de la formation continue, Mère Teresa est un exemple à suivre !

Tel un chemin de vie totalement aligné avec ce qu'elle est réellement, ses prises de décision et ses actions sont constamment adaptées aux situations rencontrées. Comme si sa vie « coulait de source ». En effet, elle est amenée à recevoir une quantité d'informations très diverses mais elle les traite avec objectivité pour mieux les utiliser. Que ces informations soient théoriques ou pratico-pratiques, qu'elles viennent de domaines différents ou pas, peu importe, Mère Teresa les « digère » avec logique pour prendre toujours les bonnes décisions. Le philosophe Voltaire, au XVIIIe siècle, dans *Candide*, résume parfaitement l'importance de cette capacité à raisonner de manière rationnelle, rigoureuse et précise pour bien réfléchir. En somme, il vaut mieux avoir « une tête bien faite qu'une tête bien pleine » selon lui. Reste à savoir de quel côté nous sommes...

Par exemple, face à la dureté de la maladie ou de la pauvreté, qui peut nous choquer, nous avons parfois un réflexe de défense, qui nous pousse à la paralysie d'action ou au contraire à la recherche d'un maximum d'informations pour savoir comment « bien » réagir. Devant des personnes dont le corps est rongé par la lèpre, Mère Teresa n'accumule pas des informations pour rien, elle agit. Elle sait reconnaître si son raisonnement est arrivé à maturité pour passer à l'étape suivante. Sa rigueur n'est pas qu'intellectuelle, elle est aussi pratique.

Si on lui présente un enfant mal nourri, elle emprunte le chemin le plus direct pour lui trouver concrètement à manger. Les témoignages de personnes qui ont travaillé avec la sainte vont tous dans ce sens. Mère Teresa trouve des solutions adéquates à la situation donnée, ce qui prouve qu'elle possède une grande rigueur d'esprit qui donne forme à son pragmatisme. De même, les bénévoles qui aident les sœurs de la charité en Inde affirment qu'il existe sur le terrain une intelligence pratique héritée de la sainte. Tous sont marqués par cet état d'esprit très logique qui règne dans l'enceinte des structures d'accueil de la congrégation. Il est impressionnant de voir à quel degré Mère Teresa insuffle encore aujourd'hui la rigueur d'action dans toutes ses communautés à travers le monde. Tout compte fait, Mère Teresa ne serait-elle pas la vraie pro du « *test and learn* humanitaire » ?

Dans ses actions de *fundraising* et de collecte de dons, Mère Teresa nous montre également son réalisme si imprégné de logique. Dès qu'une occasion se présente, elle n'hésite pas à demander, redemander, reredemander sans cesse pour obtenir de l'argent (mais aussi des nouveaux locaux, des dons, des autorisations administratives exceptionnelles ou toute chose qui peut aider ses pauvres). Obsédée par l'échange, elle donne beaucoup et souhaite recevoir des autres, surtout si ce sont des personnes qui ont des moyens. En réalité, elle sait pertinemment que le fait de donner de son temps, de ses compétences ou de son argent permet d'être plus heureux. Ainsi, la religieuse au dos bossu se sert de toutes les occasions possibles et imaginables pour essayer de récolter des soutiens matériels et humains sans aucune gêne puisqu'elle sait tout le « bien » que le don procure aux mécènes.

D'ailleurs, dès son arrivée dans la rue en 1948, elle demande de l'aide aux passants et aux curés des paroisses avoisinantes avec cette grande ténacité qu'on lui connaît. Plus tard, étant très consciente du rôle et de la richesse des réseaux, elle sollicitera sans relâche la générosité des plus grands de ce monde : présidents, hommes d'affaires, artistes, rois et reines, princesses… Le pape Jean-Paul II lui-même a cédé de nombreuses fois ! Par exemple, la petite religieuse lui a demandé d'ouvrir un espace pour la distribution d'une soupe populaire de manière régulière dans l'enceinte même du Vatican. Quelque temps après sa demande, des dîners gratuits étaient servis pour les plus démunis de Rome. Comme toute ses demandes sont dans l'intérêt des pauvres et de son Dieu, elle ose demander sans cesse tout en sachant à qui et quoi demander.

Un jour, alors qu'elle va voir un donateur pour y installer un centre social sur son terrain, elle s'aperçoit dans la conversation que l'homme est disposé à mettre gracieusement à disposition beaucoup plus de terrain qu'elle n'avait imaginé. Conclusion : elle lui demande le double de superficie qu'elle avait prévu ! Sans barrière aucune, la sainte profite de toutes les occasions pour recevoir des « riches » et redonner aux « pauvres ». Pour Mère Teresa, tout acte ou toute situation du présent doit servir à un meilleur futur pour le plus grand nombre. C'est un de ses grands principes de vie.

Son sens de la logique atteint parfois des sommités humaines quand elle s'en sert pour bien manager et diriger ses sœurs qui arrivent chaque année par dizaines. Selon elle, la manière la plus solide de nouer un pont fraternel avec les plus pauvres est de vivre comme et avec eux. « Pour comprendre les pauvres, il faut vivre comme eux », répète-t-elle inlassablement. D'ailleurs, ses sœurs ne possèdent qu'une bible, un chapelet, deux tuniques et une paire de sandales, c'est tout ! Ce mode de vie instauré par la sainte permet de vivre avec une plus grande liberté car les sœurs n'ont rien à perdre. La logique est imparable : le fait de ne rien posséder libère de la peur de perdre quelque chose et pousse à offrir son humble personne. De même, les sœurs de la charité n'acceptent rien de personne, ni des riches, ni des plus pauvres (pas même un petit thé lors de leurs visites quotidiennes dans les bidonvilles sous les grandes chaleurs humides de l'été). Ainsi, le don des missionnaires de la charité est total et gratuit, sans retour espéré. De plus, le fait de vivre avec les plus pauvres d'entre les pauvres est l'un des meilleurs moyens pour comprendre en profondeur leurs sentiments et leurs besoins. Loin des jeux en ligne, des applications, des réseaux sociaux et des villes de grande solitude, Mère Teresa applique une vie exigeante basée sur la pauvreté mais qui est en réalité extrêmement rationnelle et porteuse de fruits. L'impact social des centres de sa congrégation le prouve aisément.

Au niveau managérial, la sainte est aussi d'une logique inéluctable. La sœur sait toute l'importance du sens dans la vie d'un être humain. Ainsi, pour redonner de l'élan et de l'énergie à ses sœurs, elle n'hésite pas à rappeler la base de leur engagement. Pour mieux les accompagner durant leur vie entremêlée de sacrifices et de joies intenses, Mère Teresa rappelle le sens de leur action en continu. La sœur fait preuve d'une logique managériale à faire pâlir beaucoup de managers dans les entreprises ! En effet, pour des personnes qui ont la vocation religieuse comme elle, l'exemple est toujours à chercher du côté de leur Dieu (Jésus-Christ). Comprendre la route à entreprendre dans la vie est toujours une démarche personnelle dont la vie de Jésus-Christ est – selon les croyants chrétiens – « le chemin, la vie et la vérité ». Par exemple, face à une personne qui n'a plus tous ses membres à cause de la lèpre, Mère Teresa martèle : « Si nous ne croyions pas qu'il s'agissait là du corps du Christ, nous serions incapables d'accomplir cette tâche. L'argent, si abondant soit-il, ne pourrait pas nous y pousser. »

Dans un même esprit, la sœur sait plus que quiconque que les religieuses seront un jour ou l'autre face aux doutes et aux tentations, surtout si elles sont seules. Ainsi, elle organise des activités – notamment des visites dans les bidonvilles – toujours à deux. La supérieure laisse une grande autonomie aux sœurs dans l'exercice de leur métier, laissant place à la liberté d'entreprendre ; mais les tâches s'accomplissent le plus souvent à deux pour profiter de la force qui émane du groupe. De ce fait, personne ne peut s'allouer les bienfaits des actions de la communauté. La supérieure laisse l'information circuler dans ses centres avec une grande transparence sur beaucoup de sujets (nombre des femmes qui sont prêtes à s'engager, nombre de personnes sauvées par leurs soins, montant des dons, niveaux des stocks…). Cette franchise sert les intérêts de tous, notamment des sœurs qui sont toutes au même niveau d'information.

Ce principe de liberté et de transparence n'est pas seulement un pilier managérial mais aussi un pilier d'action dans l'aide apportée aux plus démunis. Par exemple, la sainte essaie de toujours proposer des choix aux personnes en détresse car donner la faculté de choix à quelqu'un permet de lui ouvrir automatiquement un espace de liberté. Redonner le choix et donc de la liberté à autrui, c'est aussi lui redonner une certaine capacité d'agir sur sa vie, donc de rehausser son estime. De même, responsabiliser les malades en leur confiant des tâches à réaliser (et si possible un travail dans un des ateliers de la congrégation) permet de faire grandir en eux un sentiment d'utilité et plus fondamentalement de confiance. C'est ainsi que certains lépreux des centres cousent régulièrement des centaines de saris pour les sœurs. D'autres travaillent dans la fabrication d'objets artisanaux, etc. Loin de les considérer comme des victimes ou des personnes sans talents (soi-disant à cause de leur état de santé), Mère Teresa montre concrètement, avec une forte rigueur méthodologique, comment rehausser la dignité d'une personne.

La sainte recherche en permanence les liens humains car son Dieu lui promet une présence dans toutes les personnes, en particulier dans les plus pauvres. C'est bien parce que son Dieu Jésus-Christ lui a fait la promesse d'être réellement présent dans le cœur de tous les hommes que la sainte aime avec passion les pauvres. Mais, pour bien aimer une personne, il faut la connaître en identifiant ses fragilités, ses goûts, ses préférences, ses envies, ses rêves… Ainsi, Mère Teresa met une énergie pharaonique à connaître au plus profond de leur âme chacune des personnes qu'elle rencontre. Dès lors, la logique s'enclenche : plus la sainte essaie de comprendre en profondeur les autres, plus elle engage des relations vraies, justes et sincères qui alimentent son désir de compréhension. Tel un puits intarissable, ce flux d'énergie lui permet d'être d'une sagacité quasi divine. Cette croyance lui donne à chaque seconde de sa vie une énergie incommensurable et quasi inépuisable. Si elle ne dort que quelques heures par nuit, ce n'est pas grâce à des médicaments mais grâce à cette source de motivation unique.

Bien que cette énergie dynamise toutes ses sœurs dans une même vision, Mère Teresa exige beaucoup de ses disciples. Elle recommande par exemple de ne jamais quitter quelqu'un sans donner quelque chose (un sourire, de la bonne humeur, des médicaments...) ! Quels que soient le contexte et la personne, l'objectif est de donner sans compter. Là encore, la sainte avait compris que toute parole, pensée, action ou omission a un impact décuplé dans la société qu'on ne soupçonne pas toujours. Mais comment agir quand nous sommes en face de personnes infréquentables ou que nous n'aimons pas ? Quel comportement adopter quand nous sommes accablés, fatigués, saisis par les doutes ? La réponse se cache dans notre capacité à espérer en continu, au-delà de ce que nous voyons et comprenons...

3. Construire une intelligence guidée par l'espérance

La joie. Ce mot résume à lui seul l'image de Mère Teresa à travers la planète. Son sourire légendaire a fait le tour du monde de nombreuses fois. Son dévouement total et sa charité sont admirés par des milliers de personnes. Cette petite dame inspire, encore aujourd'hui, des personnes de tous horizons, au-delà des races, couleurs de peau et origines ethniques ou religieuses. Un vrai phénomène mondial qui unifie les hommes dans la paix et l'espérance.

La religieuse a développé un charisme tant inspiré par l'Esprit Saint que les catholiques l'ont désignée *Sainte* – graal accessible uniquement à ceux qui s'unissent suffisamment à Dieu – seulement quelques années après sa mort (ce qui prouve que l'Église et les fidèles ont vu une évidente identification de sa personne à Jésus-Christ). Lors de son procès en béatification, l'institution ecclésiastique a étudié ses lettres personnelles avec ses maîtres spirituels. À cette occasion, les religieux ont découvert une facette insoupçonnée de Mère Teresa. À contempler son visage rayonnant, nous pourrions penser qu'elle jouit d'un grand amour avec son Dieu mais, dans les faits, il n'en est rien. En réalité, ces lettres sont éprises de tristesse, de doute et parfois même de désespoir.

La sainte est toujours heureuse de vivre et de servir les plus pauvres mais, au plus profond d'elle-même, elle se sent rejetée par son Dieu. Pourtant, il est écrit dans la Bible qu'aider son prochain dans le besoin revient à aider Dieu lui-même. Ainsi, il serait logique qu'en servant les pauvres avec autant de générosité, elle se sente proche de son Dieu. Étonnement, il n'en est rien. Aucun signe, très peu de « consolation spirituelle ». Ce Dieu qui dit être visible dans tous les hommes et particulièrement chez les pauvres se cache d'une manière incompréhensible. En fait, la sainte oscille entre une grande joie à servir les pauvres et une solitude extrême par manque de lien avec son Dieu.

Ainsi, Mère Teresa paraît joyeuse et rayonnante à l'extérieur, mais à l'intérieur son âme saigne. La sainte hurle de l'intérieur et écrit dans une de ses lettres : « Je parle de l'amour et de Dieu alors que j'aspire de toutes mes forces à y croire, priez pour que je parvienne à continuer à rayonner de joie, c'est l'arme avec laquelle je trompe les autres, y compris mes sœurs. » Pis encore, à partir de ses 40 ans, elle ne se sent plus du tout proche de son Dieu et pense être victime d'une illusion, voire de folie. Qu'est-ce que Dieu attend d'elle ? Elle l'ignore totalement. Par exemple, en 1951, la religieuse écrit à son confesseur, le père jésuite Joseph Neuner : « La place de Dieu dans mon âme est vide, il n'y a pas de Dieu en moi, la douleur du désir est si grande, je ne fais que désirer Dieu encore et encore et c'est là que je sens qu'il ne veut pas de moi, il n'est pas là, j'aide les âmes pour aller où ? Pourquoi tout ça, où est l'âme dans mon propre être, Dieu ne veut pas de moi. »

Qui n'a pas connu des désolations, des craintes, des tristesses et autres incompréhensions en tous genres ? Dans ces périodes, nous n'avons pas envie d'aider autrui et nous n'en comprenons pas l'intérêt. Pourquoi aller apporter une pierre de charité quand on sait que cette dernière n'est qu'une goutte d'eau dans l'océan ? Les besoins en termes de solidarité, d'entraide, de justice, de don sont tellement gigantesques qu'il peut paraître presque prétentieux de vouloir y répondre. Face à tant d'injustices, de misère, de pauvreté, de méchanceté, d'ignorance, de violence, de maladies, de morts si injustes, pourquoi combattre ? Qui sommes-nous pour essayer de rétablir un peu de justice dans ce monde ? Ces interrogations peuvent nous tarauder de temps à autre mais Mère Teresa en est victime pendant presque toute sa vie. La sœur œuvre pour les orphelins mais n'a plus de Père éternel. Déboussolée par le manque d'amour de Dieu qu'elle désire tant, Mère Teresa souffre terriblement. Son sentiment de rejet de la part de Dieu est même paradoxal car plus elle aide les pauvres, plus elle ressent un éloignement de Dieu.

Cette contradiction apparente de la vie de la religieuse est un élément déterminant dans l'expression de ses talents. Il permet de comprendre en profondeur comment elle a pu révéler ses charismes avec un rayonnement exceptionnel.

En effet, si les catholiques l'ont hissée au rang de sainte, c'est parce que ses désarrois et troubles ne l'ont jamais bloquée dans sa mission. Bien au contraire. À la moitié de sa vie, la sainte n'a plus de goût à la prière et ne ressent plus la présence de Dieu dans sa vie mais jamais elle ne baisse les bras ; au contraire, elle donne toujours plus d'amour à ses pauvres. Même dans les périodes de doutes les plus profonds, son œuvre continue à grandir. En réalité, sa force vient de son espérance. Pour elle, Dieu lui a fait une promesse et ne peut mentir. Si servir les pauvres, c'est servir Dieu, alors elle continuera à les servir dans n'importe quelle disposition intérieure. Joie, peine, tristesse… peu importe, l'amour est toujours gagnant pour la sœur. La sainte espère et donc persévère.

Se livrant totalement et sans calcul à sa mission, elle continue avec obstination à combattre la pauvreté en s'occupant des « parias » de la société. Servir les pauvres comme si elle servait son Dieu. Servir les pauvres à la manière de Dieu. Sans naïveté ni irréalisme par rapport à la complexité du monde, elle est arrivée à un lâcher-prise sur sa vie en s'attachant aux fruits positifs qui émanent du terrain : les mourants partent aux cieux en ayant un sentiment d'une plus grande dignité, les vocations se multiplient, les malades sont soignés par milliers et certains retrouvent une vie « normale » en fondant des familles et en retrouvant un emploi…

Finalement, plus la sainte cherchait Dieu en donnant toute sa vie aux pauvres, plus elle s'en rapprochait mais sans le savoir.

Cette capacité à croire sans tout comprendre, à « décoller » de la réalité pour mieux la sublimer, a permis à cette femme d'aller de l'avant et de créer une œuvre humanitaire d'une humanité divine. C'est pour cela que les catholiques lui ouvrent les portes de la sainteté. Par son abandon à la compréhension totale de sa vie, elle a pu sauver des milliers de vies. À l'inverse d'un saint Thomas qui a besoin de toucher les plaies du Christ pour croire en sa résurrection, Mère Teresa croit en Sa parole même si elle ne comprend pas sa propre vie. Ainsi, comme elle croyait dur comme fer qu'en aidant les pauvres, elle ressemblerait et s'approcherait de Dieu, elle les aide de manière incommensurable. En d'autres termes, plus Mère Teresa se sent loin de son Seigneur, plus elle déploie une capacité d'action pour venir en aide à ses protégés de la rue. Comme si Dieu faisait exprès de se cacher pour lui permettre d'exprimer ses talents et soulever des montagnes. Son Dieu serait donc un grand manager qui essaierait de hisser chaque personne de son équipe vers ce qu'il peut faire de mieux en fonction de ses talents et aspirations. Finalement, ce qui pouvait paraître comme totalement irrationnel aux yeux des hommes et d'elle-même (donner sa vie aux pauvres en se sentant « étranger » de Dieu alors même qu'il promet d'être présent) est potentiellement rationnel aux yeux de son créateur. En effet, Il sait qu'en passant par ce chemin d'incompréhension, la sainte remobilise toujours et encore ses moyens pour créer des structures médico-sociales reconnues par tous. « Pour persévérer dans un tel travail pendant longtemps, il faut qu'un grand pouvoir vous pousse par derrière », dira-t-elle un jour…

Cette confiance absolue sans comprendre les événements et le sens de sa vie lui donne des ailes pour réussir. Sa foi absolue en Dieu s'observe aussi dans son quotidien. Quand elle reçoit un don, elle le dépense sans délai, aucune épargne pour des jours plus durs n'est anticipée ! Un jour, un mécène a même été abasourdi lorsqu'il a su que son chèque de 250 000 € avait été dépensé le jour même en médicaments d'urgence. D'après elle, « nous accomplissons notre tâche pour notre Seigneur. Il doit veiller sur nous. S'Il veut que quelque chose soit fait, Il doit nous en donner les moyens. S'il n'en fait rien, cela montre qu'Il ne veut pas que telle chose soit faite ».

Plus globalement, l'exemple de Mère Teresa nous interpelle par rapport à notre capacité à espérer et croire que tout est possible. Quelle place donnons-nous à la compréhension des choses ? Avons-nous besoin de tout contrôler et tout comprendre pour agir ou faisons-nous confiance à la vie qui nous est donnée ? Sommes-nous prêts à nous laisser porter par l'intensité et la plénitude de nos convictions ou cherchons-nous à les « rationaliser » à tout prix ? Faisons-nous confiance aux personnes en général ou sommes-nous méfiants en permanence ? Essayons-nous d'être toujours le premier et sur le devant de la scène ou nous inspirons-nous du rayonnement et des talents des autres ?

Avec Mère Teresa comme exemple, laissons place à une confiance absolue en l'avenir pour que nos dons puissent se déployer en toute liberté. Gardons en tête le grand charisme de cette femme pour nous répéter que toute logique n'est pas perceptible à notre intelligence humaine. Ayons l'humilité et l'espérance de reconnaître que notre rationalité – souvent trop court-termiste – n'est finalement pas la plus logique. Au lieu d'essayer de tout contrôler, laissons-nous emporter par cette grande espérance qui duplique notre énergie et nos talents. La plupart du temps, nous comprenons les bienfaits des événements *a posteriori* mais nos propres peurs et inquiétudes nous ont porté préjudice entre-temps. Tout compte fait, nous sommes condamnés à un « espoir perpétuel ». Grâce à l'espérance d'une logique future mais non visible, nous pouvons essayer de concilier notre rationnel avec un certain lâcher-prise pour notre plus grand épanouissement.

Les doutes sur l'existence de Dieu et la misère spirituelle de Mère Teresa font écho à la vulnérabilité de nos propres vies. Sa foi pure et aveugle l'a sauvée du désespoir et de la dépression. Aujourd'hui, cela lui permet peut-être d'être très proche de son Dieu. Nous ne comprenons que peu de chose des événements qui nous arrivent, pourtant, nous n'avons pas d'autre choix que de composer avec eux et d'espérer toujours un meilleur avenir.

La vie nous fait découvrir une certaine logique mais souvent après coup. Il est impossible de tout comprendre avant de se lancer pleinement dans quelque chose. C'est bien cela qui est en jeu : guider ses actions grâce à son intelligence et son cœur mais aussi par l'intermédiaire de ce que nous avons au plus profond de nous, notre espérance. Si nous arrivons à mixer notre cœur confiant avec notre intelligence, alors nous réussirons à élever notre conscience pour la mettre au service du monde. Espérer que le plus beau reste à venir, au-delà de ce qui nous semble irrationnel dans le monde, est le secret de Mère Teresa pour réussir notre mission de vie.

Sa capacité à discerner ce qu'il convient de réaliser tant dans les petits actes du quotidien que dans les grandes décisions fait d'elle une bâtisseuse d'exception. Elle réussit à apprécier la réalité telle quelle, de manière rationnelle, tout en faisant confiance à la providence quand sa raison arrive à ses limites. À n'en pas douter, Mère Teresa est une fanatique de l'optimisme ! En cela, la religieuse incarne à la perfection « l'enthousiasme » (en grec : « d'inspiration divine ») qui permet de développer sa capacité de résilience à toute épreuve.

III. Cléopâtre, la magicienne de l'adaptation

(70-30 av. J.-C., dates approximatives)

« Le nez de Cléopâtre, s'il eût été plus court, toute la face de la terre aurait changé. »

Blaise Pascal

Prostituée ou divinité ?

Jamais une femme n'a autant fait l'objet d'affabulations et d'intrigues que cette pharaonne de l'histoire mondiale. Cléopâtre fascine le monde depuis plus de deux mille ans sans que sa vie soit complètement connue des historiens. Cependant, tous s'accordent sur l'étrangeté de ses pouvoirs…

Cléopâtre est née vers les années 70 av. J.-C. et morte en 30 av. J.-C. Cela représente une longue vie pour l'époque, remplie de nombreuses entremises historiques. Issue de la famille grecque qui règne sur l'Égypte depuis 300 ans, elle écarte ses frères et sœurs en s'alliant à Jules César, qui devient son amant durant quelques années avant son assassinat à Rome. Sachant anticiper sur la victoire des plus forts, elle noue ensuite une relation amoureuse avec Marc-Antoine. Ce dernier reprend le pouvoir face à Octave qui souhaite lui aussi régner sur la République romaine. Grâce à ces alliances plus stratégiques qu'amoureuses, Cléopâtre exempte son peuple de guerres meurtrières. Cela permet une relative prospérité économique et sociale qui bénéficie à toute l'Égypte durant quelques décennies. Malheureusement pour elle, peu de temps après son pacte de solidarité avec Marc-Antoine, Octave prend le dessus militairement et pousse l'amant de Cléopâtre au suicide. Quelque temps après, Cléopâtre fait de même dans sa prison.

Au-delà de sa mort si glorieuse (le suicide était considéré comme un acte de grande dignité à l'époque), comment expliquer le charisme de cette femme si redoutable ? Comment a-t-elle pu convaincre deux empereurs romains, à quelques années d'intervalle, avec autant de facilité ? Véritable déesse de la médiation, Cléopâtre a réussi à concilier ses intérêts divergents avec les plus grands des Romains sans qu'aucune goutte de sang ne soit versée. Beaucoup pensent que ses charmes féminins ont pu jouer un rôle pour amadouer ses interlocuteurs. Mais face à de tels politiques qui n'avaient certainement pas de difficultés à charmer eux aussi, la thèse de l'envoûtement charnel n'est pas tenable. De même, les intérêts géostratégiques seuls ne peuvent pas expliquer ces alliances à l'allure d'unions. Ainsi, d'autres explications sont nécessaires pour comprendre son extraordinaire capacité d'adaptation, si indispensable pour nous dans notre monde d'aujourd'hui changeant et instable.

1. Concilier pour créer des médiations

Née à Alexandrie, Cléopâtre est issue de la famille grecque des Ptolémées, lignée directe d'Alexandre le Grand. À la mort de son père, réputé pour son incompétence, la jeune femme de 18 ans accède au pouvoir avec ses frères en toute logique héréditaire.

Dans un premier temps, son trône est partagé avec son frère, âgé de seulement 12 ans (Ptolémée XIII). Cléopâtre n'est donc pas seule à décider et les jalousies commencent à fissurer les relations dans la fratrie, à l'image des anciennes divisions familiales des Ptolémées. Chez eux, le pouvoir ne se partage pas. Leur histoire familiale est rythmée par des meurtres, exils, violences et exécutions publiques. Cléopâtre s'installe donc avec ses deux très jeunes frères à la direction du royaume et attend donc patiemment son heure pour les évincer en suivant l'exemple familial.

À cette époque, la République de Rome est extrêmement puissante sur cette région du globe. Toutes les guerres tournent en faveur des légions romaines qui commencent à engloutir peu à peu tout le pourtour méditerranéen. Même les peuples d'Asie Mineure s'arment avec vigilance contre cette ennemie qui prend de plus en plus d'ampleur. Ainsi, le royaume d'Égypte fait pâle figure face à ce rouleau compresseur qui se développe. Le royaume a beau être riche d'un glorieux passé, la puissance militaire est désormais de l'autre côté de la mer. Cléopâtre comprend très vite ce rapport de force complètement inégal et choisit donc de s'appuyer sur les Romains pour assurer paix et prospérité à son peuple et surtout… pour écarter définitivement ses frères du pouvoir.

Ainsi, la question centrale de son mystère n'est pas comment cette femme a pu accéder au pouvoir mais comment elle a pu rester sur le trône sans se faire tuer par un autre membre de sa famille, tout en étant adulée par trois peuples entiers : les Grecs, les Romains et les Égyptiens.

Dès le début de son règne, Cléopâtre souhaite conquérir les foules par un « *soft-power* » invisible. La difficulté est de taille puisque son pouvoir s'appuie sur une famille grecque venue de l'extérieur de l'Égypte. De plus, sa fratrie est perçue comme opulente et commence à ne plus avoir les moyens de ses prétentions territoriales. Elle doit donc sans cesse rappeler sa légitimité grâce à ses origines royales en essayant de séduire le peuple pour obtenir un soutien par adhésion et non par force. Face à ce défi, l'Égyptienne se sert de l'inconscient collectif de son peuple en utilisant la puissance des symboles, qu'elle a bien compris. Cela commence par sa stratégie de « *naming* ». Se faisant appeler *Cléopâtre VII Philopator*, qui se traduit par « Qui aime son père », elle met en lumière sa lignée familiale grecque et souligne son lien dynastique.

Une fois sa crédibilité héréditaire installée, Cléopâtre n'hésite pas à renforcer son autorité en s'autodésignant « Déesse nouvelle qui aime sa patrie », *Théa Philopatris*. Dans ce second nom, la reine fait référence à la patrie, mais laquelle ? L'Égypte ? La Macédoine ? La confusion est tellement logique qu'il n'est pas possible de douter de la volonté de Cléopâtre de vouloir la créer dans les esprits. En réalité, elle souhaite « parler » à tous sans exception. Quelle que soit leur appartenance culturelle, éthique ou géographique, chaque peuple doit être influencé. De plus, cette dualité dialectique permet de communiquer de manière large et à des « temps différents » : au passé pour ses ancêtres macédoniens-grecs, au présent pour son peuple égyptien et au futur pour les prochains territoires conquis. Finalement, l'adjectif *Philopatris* se réfère aux origines, à l'actuel et au futur royaume égyptien dans son ensemble. De même, Cléopâtre installe grâce à son nouveau nom une relation directe avec son peuple dans un « devoir d'amour » pour lui, signe d'un devoir de protection et donc de domination légitime. Le mot « déesse » fait par définition référence aux dieux. De fait, cela impose un total respect envers sa propre personne, à la fois pour les Grecs et pour les Égyptiens (les deux peuples associent leurs souverains directement aux dieux). Cette culture de la spiritualité est ancrée dans ces deux civilisations qui s'entremêlent et s'enrichissent mutuellement depuis des siècles.

Cléopâtre est une grande pragmatique car elle comprend l'intérêt des spiritualités dans une société. En effet, elles répondent à des besoins fondamentaux des hommes. Cléopâtre se propose donc d'être une déesse de plus dans leur mythologie. Plus encore, la femme de pouvoir se joue de ces croyances afin de mieux rentrer en communication avec son peuple, issu d'un syncrétisme culturel et spirituel romano-gréco-égyptien. Par exemple, lors des grandes cérémonies, elle n'hésite pas d'un côté à incarner des dieux grecs comme Aphrodite (déesse de l'amour), et d'un autre côté elle se proclame Pharaonne d'Égypte, ce qui montre au peuple qu'elle est à la fois un être humain et un dieu. Dans les deux cultures, elle incarne l'autorité politique et religieuse. Elle les lie étroitement, voire les fusionne. En fonction de ses objectifs et de l'image qu'elle souhaite donner, la reine s'approprie les dieux et déesses pour sa propre personne. Plus qu'une simple identification, Cléopâtre se place au-dessus même de ces figures transcendantales car elle peut changer d'incarnation comme bon lui semble ! Par exemple, lorsqu'elle rencontre pour la seconde fois Marc-Antoine, pour le séduire et le soumettre à ses volontés, elle prend la figure d'Aphrodite qui va nouer alliance avec Dionysos (symbolisé par le souverain romain). De ce fait, la reine réactualise la tradition égyptienne des mariages entre les dieux (car le peuple égyptien associait Dionysos à Osiris et Aphrodite à Isis). Pour les Grecs, cela crée un mythe nouveau, celui de l'union de Dionysos et Aphrodite. Avec une facilité déconcertante, Cléopâtre use et modifie pour son propre intérêt les croyances des populations tout au long de sa vie.

Également, la construction du mythe de Cléopâtre s'imprime dans la tête des Égyptiens par la diffusion d'une nouvelle monnaie en bronze à l'effigie de la reine incarnant Aphrodite. Cependant, sur les monnaies des territoires semi-autonomes, son nom est au nominatif, contrairement aux monnaies de son émission en Égypte où son nom est au génitif. De plus, la reine accepte que sur la série de monnaie à Patras apparaisse le nom du principal magistrat local, Agias. Elle affirme donc son autorité de manière différente en fonction des us et coutumes des dirigeants en place, ce qui renforce *in fine* son emprise sur l'ensemble de son royaume. Autre exemple : les discours. Pour satisfaire les deux faces du peuple, les discours officiels sont toujours en deux langues : une version en grec, l'autre en égyptien. Il en va de même pour les documents administratifs, qui sont gravés sur des stèles en deux versions.

Dans le même esprit, Cléopâtre comprend la puissance de l'image et l'utilise pour amplifier sa propagande. Elle fait donc insérer le *diadéma*, un symbole de la tradition monarque des Ptolémées, sur des bustes à sa gloire, mais d'une manière beaucoup plus importante qu'à l'accoutumée. Ce bandeau représente le basileus, le summum des dieux. Ainsi, la reine se sert des traditions et apporte une touche de nouveauté pour mieux asseoir sa singularité. Une manière de s'adapter à un peuple hétéroclite tout en affirmant son autorité personnelle.

Vers les années 40 av. J.-C., l'influente Égyptienne ajoute *Néôtera* à son nom, qui est le comparatif féminin de l'adjectif *néos*, signifiant « nouveau » en grec. Par cet ajout, nous pouvons supposer que la reine se renouvelle elle-même en créant une nouvelle déesse dans sa propre mythologie. Une sorte de rupture mêlée à une continuité spirituelle pour prendre à son compte le meilleur du passé et s'ancrer seule dans le futur, voire dans le monde après la mort. En résumé, pour mieux s'adapter et se rendre proche de ses peuples, Cléopâtre manipule avec génie leur inconscient collectif.

Au niveau culturel, Cléopâtre est aussi une référence en matière d'intégration. Contrairement à ses aïeux, cette femme brillantissime a l'intelligence d'apprendre de nombreuses langues, notamment l'égyptien de l'époque. Par cet effort, la reine prouve son désir de se rapprocher toujours plus de son peuple et évite de recevoir l'image de gouvernante impératrice et hégémonique. Les Égyptiens apprécient naturellement cette faculté d'épouser leur culture par la langue. Loin des concepts communautaristes, Cléopâtre réussit à « être » égyptienne non par son statut mais par sa volonté d'intégration, voire d'assimilation. D'un autre côté, Cléopâtre sait qu'il est plus facile de comprendre les subtilités culturelles de son peuple en pratiquant la langue locale. Une plus grande connaissance des personnes lui donne un pouvoir plus efficace pour les manipuler naturellement.

Dans un même esprit d'ouverture, Cléopâtre érige une immense bibliothèque à Alexandrie de renommée internationale. Signe que pour elle, la connaissance est primordiale pour rayonner et nouer des ponts culturels avec d'autres empires, au-delà des liens économiques ou stratégico-militaires.

Tout compte fait, Cléopâtre souhaite plus qu'une parfaite communication avec son peuple. La déesse veut entrer en communion avec lui en visant une osmose globale conciliant tradition et modernité, cultures grecque et égyptienne, citoyenneté et divinité, politique et spiritualité, aspirations humaines et mythe personnel.

Véritable déesse des identités politiques, spirituelles et culturelles, Cléopâtre aime rappeler qu'elle est la fille d'un citoyen romain (Ptolémée XII Néos Dionysos, roi d'Égypte sous emprise romaine) et mère de Césarion, qui est le fils de César. De ce fait, la déesse renverse le rapport de domination en se positionnant d'égal à égal avec Jules César pour mieux s'affirmer et lui demander des faveurs. Il est en pratique le maître absolu de la quasi-totalité du pourtour méditerranéen mais qu'importe, Cléopâtre demande et obtient. En effet, ces deux faits sont indiscutables et lui donnent la possibilité de rendre visite à son amant devant tout Rome avec une posture de citoyenne romaine, mère de la République. Le peuple romain est fier de ses territoires conquis en Occident, en Afrique et en Orient et sait pertinemment que cette femme est une reine soumise à l'autorité de la démocratie romaine, donc indirectement de la leur. Les royaumes « amis » comme l'Égypte sont des régions administrées par Rome avec des rois indépendants mais sous le total contrôle de la force romaine. Ainsi, Cléopâtre se joue encore une fois d'une double position de dominatrice et de soumise face à Jules César et aux Romains. Ce beau scénario lui permet de rester au pouvoir et d'être admirée par les vainqueurs tout en garantissant une paix durable à son peuple égyptien.

La reine sait donc parfaitement contrôler en douceur les événements pour instaurer une relation qui est toujours à son avantage. Elle s'adapte de manière continue aux peuples mais aussi à chaque personne. Les deux grandes rencontres qui bouleversèrent sa vie (celles de Jules César et de Marc-Antoine) sont des exemples symptomatiques de sa divine capacité à concilier l'impensable, grâce notamment à sa force d'intériorisation.

2. Comprendre au-delà des mots

Une des premières scènes mythiques de la vie de Cléopâtre se déroule face à Jules César, en Égypte, durant l'année 48 av. J.-C. Le grand chauve romain vient à Alexandrie pour essayer d'instaurer de l'ordre dans la gouvernance familiale des Ptolémées, plus précisément entre Cléopâtre et son frère cadet qu'elle a épousé, comme l'y oblige la tradition familiale. En effet, ces querelles familiales menacent les intérêts de Rome qui a besoin de territoires stables autour de son empire. L'aînée de la famille (Cléopâtre) veut une collaboration tournée vers une certaine soumission avec les Romains, mais son petit frère ne l'entend pas de cette manière. Ce désaccord se rajoute à la lutte de pouvoir fratricide des deux aînés et à la volonté du frère de chasser sa sœur. Face à Ptolémée XIII, qui détient les pleins pouvoirs militaires et donc politiques, Cléopâtre n'a d'autre choix que de se réfugier en Syrie.

Arrivé en Égypte, Jules César convoque donc les deux belligérants. Cependant, Cléopâtre, fine négociatrice, revient discrètement en Égypte pour rencontrer Jules César avant son frère. La future pharaonne sait l'importance de se voir seul à seul avec le maître de Rome, et ce le plus rapidement possible. Cette femme, très esseulée à ce moment de l'histoire, met en scène un stratagème digne d'un film pour s'entretenir avec lui. L'héritière s'enroule dans un tapis pour se faire déposer incognito en présent à Jules César. En déroulant le tapis, l'empereur romain découvre le beau cadeau à l'intérieur. L'effet de la surprise est fatal. Jules César est stupéfié par l'ingéniosité de l'Égyptienne qui commence un jeu de séduction pour implorer sa bonté et lui explique les intérêts d'une alliance entre eux deux.

En quelques heures seulement, cette grande manipulatrice noue un lien personnel qui marquera l'Histoire de l'humanité. Nous connaissons la suite : Jules César tombe dans les bras de Cléopâtre, prend fait et cause pour la future reine, défend son trône avec l'aide de ses armées impériales, tue son frère cadet ennemi et part en croisière sur le Nil avec sa nouvelle femme. Ainsi, Cléopâtre est seule au pouvoir et a l'homme le plus puissant du monde comme père de son premier enfant – surnommé Césarion – qui naîtra quelque temps après leur première rencontre.

D'un point de vue stratégique, cette collaboration est le fruit d'intérêts convergents. D'un côté, cette alliance permet à Rome de bien sécuriser la fourniture du blé égyptien, nutriment vital pour tout un peuple. De plus, cela donne la possibilité aux armées romaines de se concentrer sur d'autres territoires de conquête. D'un autre côté, cela offre à l'Égypte un semblant de souverainisme et l'assurance d'une protection et d'une paix sur son sol. Naturellement, au niveau personnel, l'intégration réussie avec la République romaine accorde à Cléopâtre les pleins pouvoirs sur son royaume et la permanence de la dynastie ptolémaïque sur son territoire. En réalisant cet accord stratégique, la reine perpétue la tradition diplomatique de ses aînés. Car en 59 av. J.-C., Ptolémée XII Néos Dionysos ponctionnait déjà dans la fortune d'État près de 6 000 talents (équivalant au revenu annuel de l'Égypte) pour acheter le soutien de Rome et surtout pour se préserver d'une occupation romaine sur son propre territoire.

Dans les faits, Jules César consent bien plus que ne le montre la situation. En effet, l'empereur romain lui concède l'administration de Chypre et une indépendance de décision sur ses zones d'influence. Ceci est très étrange car la stratégie de développement de la République romaine obéit à des étapes bien précises auxquelles aucune zone conquise ne déroge en temps normal. À l'accoutumée, Rome demande aux rois soumis à son autorité d'assurer la transition de l'indépendance relative à une province romaine. Grâce à Cléopâtre, ce n'est pas le cas pour l'Égypte. Un autre élément pousse à croire que Cléopâtre a une place plus que privilégiée dans le cœur du grand chef romain. Il édifie une statue de Vénus en référence à Cléopâtre dans le temple Génétrix à Rome pour que la République puisse puiser de l'énergie aux pieds de la déesse.

De la même manière, nous pourrions penser que Césarion, fils de la reine et de l'empereur, symbolise une union des élites méditerranéennes. Cléopâtre, désormais citoyenne romaine par son mariage avec Jules César, donne naissance à un petit qui est bien « julio-ptolémaïque ». À terme, il ne s'agirait donc plus d'une transmission d'empire ptoléméen mais de l'héritage d'une grande puissance romano-ptolémaïque, à l'image de celui qu'a construit Alexandre le Grand, que les deux parents admirent tant.

En réalité, si nous nous replaçons dans le contexte historique, un enfant n'implique aucune obligation et sa vie n'a pas forcément beaucoup de prix. Pis encore, nous ne sommes pas certains que Jules César soit le père de Césarion ! À l'époque, il n'y a pas de test ADN ni de droits matrimoniaux qui protègent l'enfant. Ainsi, que le géniteur soit un légionnaire, général ou esclave, qu'importe, il lui suffit simplement d'être reconnu par deux personnes. Rien n'oblige le maître de la Méditerranée à officialiser sa paternité (réelle ou non). Sa reconnaissance paternelle prouve donc l'incroyable influence de Cléopâtre sur Jules César.

Pour comprendre son irrésistible capacité à soumettre ses interlocuteurs, à l'instar de l'empereur romain, il faut se pencher sur son aptitude à contrôler de manière absolue « l'implicite ». La reine maîtrise de manière divine sa propre intériorité et celle de ses proies. En d'autres termes, pour « comprendre » et « toucher » le cœur de ses victimes, elle manipule le non-dit à la perfection. Cléopâtre emmagasine de l'énergie pour utiliser « à juste dose » des gestes extrêmement lents et sensuels. Consciente de l'effet que procurent ses mouvements sur l'inconscient de Jules César, Cléopâtre fortifie le poids de ses paroles avec son comportement. Son corps exprime son envie de collaboration rapprochée avec le maître de Rome, ce qui donne de l'intensité à ses propositions verbales. De même, son regard perçant est une autre arme de persuasion très puissante. Ses yeux expriment du pouvoir, de la détermination et un certain mystère. L'efficacité de son regard vient du fait qu'elle s'autopersuade d'avoir un pouvoir de séduction absolu.

Comme dit Gustave Flaubert (1821-1880), « pour avoir du talent, il faut être convaincu qu'on en possède ». Cléopâtre a une emprise tellement forte sur son cerveau qu'elle se persuade d'obtenir ce qu'elle désire. D'un point de vue psychologique, cette redoutable femme a une « image mentale », une sorte de représentation de son comportement tellement précise et ancrée dans sa personne qu'elle réussit à la faire transparaître à sa guise dans son regard.

D'ailleurs, son entrée dans Rome à vingt-deux ans marque les esprits des Romains grâce aux mêmes techniques de communication : symboles de puissance à profusion, regard divin, posture de soumission teintée de pouvoirs surnaturels… Sans dire un mot, Cléopâtre donne l'exacte image de ce qu'elle veut diffuser : unique maîtresse de Jules César, mère de son fils et déesse d'un vaste empire allant de la Méditerranée aux montagnes d'Asie Mineure.

Après la mort de Jules César, Cléopâtre souhaite logiquement se rapprocher du nouvel homme fort de la République romaine : Marc-Antoine. Pour le posséder, la déesse utilise les mêmes méthodes qu'avec César. L'exemple le plus parlant se déroule lors de son entretien avec Marc-Antoine lorsqu'elle tente d'expliquer son non-soutien à sa lutte face à Octave. Le nouveau grand chef romain lui demande de venir à Tarse où la reine pourra donner ses justifications en personne. On imagine la situation délicate pour Cléopâtre, mais la déesse reprend ses vieilles et efficaces techniques de manipulation pour contrôler son homme. Parée d'un luxe éblouissant, la déesse remonte le cours du Cydnos, le fleuve qui baigne Tarse, pour rejoindre le nouveau maître de l'empire romain. L'écrivain romain de l'époque Plutarque décrit les détails de la scène (*Vie d'Antoine*, 26) :

« Elle arriva tranquillement en bateau, naviguant sur le Cydnos, dans un vaisseau dont la poupe était d'or, les voiles pourpres et les rames d'argent. Le mouvement des rames était cadencé par le son des flûtes, des hautbois et des lyres. Cléopâtre, couverte de magnifiques bijoux, était étendue, belle comme une peinture d'Aphrodite, sur un lit cousu de fils d'or. [...] De magnifiques servantes, comme des Charites ou des Néréides, se trémoussaient, les unes près du gouvernail, les autres dans les cordages. »

Le symbole de l'eau est très révélateur du but que veut atteindre Cléopâtre. Dans la mythologie grecque, à laquelle le Romain est sensibilisé, l'eau est un élément du ciel qui a le pouvoir de « transformer », de faire « renaître ». Par conséquent, Cléopâtre propose de manière extrêmement subtile de transfigurer les possibles encore informels en réalités évidentes. En d'autres termes, de passer d'une incompréhension à une union des corps et... des intérêts.

L'auteur continue encore : « En même temps, sur le pont du navire, des serviteurs faisaient brûler des parfums qui embaumaient les rives du fleuve. Une foule immense accourut de la ville pour voir ce merveilleux spectacle. Marc-Antoine, qui était en train de rendre la justice, se retrouva soudain seul au beau milieu de son tribunal ! Le bruit se répandit que c'était Aphrodite elle-même qui arrivait ; pour le bonheur de l'Asie, elle venait prendre du plaisir chez Dionysos. »

En quelques heures, l'alliance romano-égyptienne est renouvelée de plus belle et Cléopâtre accouche de jumeaux neuf mois plus tard. L'affaire est scellée. Par sa simple présence, mûrement orchestrée, Cléopâtre arrive à « marquer » en un instant son interlocuteur avec une économie de paroles qui contraste avec l'efficacité de sa persuasion. Un vrai art.

Ceci est d'autant plus impressionnant que son emprise n'est pas uniquement de court terme. Durant ses deux relations – l'une avec Jules César et l'autre avec Marc-Antoine – Cléopâtre maintient une influence sur ses amants jusqu'à la fin de leur vie respective. L'un se fait assassiner par des personnes de la cour romaine soucieuses de la bonne existence de la démocratie, l'autre se suicide pour ne pas être prisonnier de son rival Octave (qui a finalement pris le dessus pour prendre le pouvoir romain). Dans les deux cas, Cléopâtre les manipule à distance jusqu'à la dernière minute de leur vie.

Ces deux scènes montrent à quel point Cléopâtre sait utiliser son énergie intérieure pour appuyer son regard, ses gestes, sa respiration, sa posture physique, etc. La manipulatrice s'en sert non seulement pour « toucher » ses interlocuteurs en exprimant de manière implicite ses sentiments et émotions mais aussi pour « comprendre » ses adversaires.

Dans un entretien avec une autre personne, nous contrôlons environ 90 % des mots que nous utilisons, 30 % des intonations de notre voix et uniquement 5 % de notre attitude corporelle. En revanche, notre interlocuteur capte seulement 10 % de notre langage verbal, 40 % de nos intonations et plus de 60 % de notre gestuelle, expressions faciales et posture.

Cléopâtre a des dispositions naturelles pour maîtriser son langage corporel à un taux beaucoup plus élevé que 5 %. Grâce à cette maîtrise, la reine arrive à « impacter » de manière très naturelle et spontanée. Consciente que ses interlocuteurs construisent de manière inconsciente et consciente leur opinion essentiellement par le non-verbal, Cléopâtre « s'ajuste » en permanence. De ce fait, le message a plus de chance d'être perçu comme la reine le souhaite. Ce qui décrédibilise une personne est le décalage entre ses paroles et son non-verbal qui y est associé. Chez cette femme, il existe toujours une cohérence entre les mots choisis et les signaux du corps. Notre physique traduit les menteurs mais conforte ceux qui disent la vérité, sauf pour certains qui sont dotés d'un talent théâtral hors normes comme Cléopâtre !

Par ailleurs, la manipulatrice a très certainement un don pour analyser sa proie et identifier ses traits de personnalité, notamment ses motivations, ses besoins psychologiques et son état émotionnel. Par une écoute et une observation attentive, Cléopâtre capte de très nombreuses informations qui lui permettent d'adapter à son tour son expression. Au-delà de sa relation charnelle avec ses amants, Cléopâtre joue avec le non-verbal pour arriver à ses fins, ce qui renforce sa capacité de conciliation lorsqu'elle commence à s'exprimer pour mieux manœuvrer.

3. S'exprimer pour s'affirmer

Pour Jules César, Cléopâtre est « éblouissante à voir et à entendre ». Venant d'un des hommes les plus redoutés de toute l'histoire de l'humanité, le compliment vaut la peine d'être analysé…

En effet, son charme purement physique est un réel sujet pour les historiens. Octave, rival de son second amant Marc-Antoine, met en avant les capacités de séduction de Cléopâtre dans sa propagande afin de discréditer le couple et désigner son adversaire comme un homme faible. Cependant, toutes les représentations de Cléopâtre qui sont parvenues jusqu'à nos jours nous montrent des caractéristiques physiques peu à son avantage. En réalité, Cléopâtre n'est pas spécialement belle. La statue exposée au musée du Vatican ou celle du Altes Museum Antikensammlung à Berlin montre une reine sans grande beauté. Que cela soit selon les normes esthétiques actuelles ou de l'époque, l'allure purement physique de cette femme laisse vraiment à désirer.

Ainsi, les compliments de Jules César ne sont peut-être pas à prendre au premier degré. Finalement, la reine n'a pas besoin d'être jolie pour être attirante. Il est de coutume de dire que la beauté peut faire chavirer les pulsions d'un homme sur le court terme, mais le charme d'une femme peut impacter durablement son cœur et sa raison. Jules César et Marc-Antoine ne sont pas saisis par la beauté de Cléopâtre mais par ce qu'elle dégage. Sa façon d'être et de s'exprimer les enivre. Cette aptitude extraordinaire d'expression caractérise le pouvoir quasi mystique de Cléopâtre à concilier l'impossible.

Plus précisément, la déesse détient en elle des facilités naturelles pour choisir les bons mots et les assembler avec harmonie et beauté. Extrêmement lettrée, parlant plusieurs langues, cette femme manie le verbe comme une poète. Face au peuple ou face aux hommes, les techniques d'expression sont les mêmes. Déjà bousculés par sa présence, le bouquet final verbal de Cléopâtre finit de soumettre définitivement ses interlocuteurs ! Touchant tantôt la raison, tantôt les émotions en fonction de la personnalité de la personne en face d'elle, Cléopâtre excelle dans son éloquence et sa rhétorique, ce qui renforce naturellement sa capacité d'adaptation.

L'auteur romain Plutarque nous décrit la reine à l'image des sirènes d'Ulysse, capables de tout ensorceler : « Sa langue, qu'elle maniait avec une grande facilité, comme un instrument à plusieurs cordes. [...] Elle répondait dans leur propre langue aux Éthiopiens, aux Troglodytes, aux Hébreux, aux Arabes, aux Syriens, aux Mèdes et aux Parthes. [...] Tandis que les rois d'Égypte, ses prédécesseurs, n'avaient pu apprendre qu'à grand-peine l'égyptien, et que quelques-uns d'entre eux avaient même oublié le macédonien, leur langue maternelle. »

Au-delà des mots, Cléopâtre manie la richesse des cinq sens avec une telle finesse que cela conforte ses paroles. Musique, parfum, massages, mets et bijoux sont quelques exemples utilisés à profusion par Cléopâtre pour mettre un « cadre » à ses mots. Il en résulte une totale cohérence. Autrement dit, le fond et la forme sont en totale synergie. Ses paroles tombent de soi, dictées par le « dieu de l'harmonie ».

À cet égard, une anecdote concernant Jules César est très symptomatique de la puissance de persuasion de Cléopâtre. Alors qu'ils sont en croisière sur le Nil, Cléopâtre parle de la notion de divinité des souverains égyptiens. Pour les Égyptiens, les pharaons sont à la fois humains et dieux. La reine insiste également sur la possibilité de la résurrection des corps. C'est pourquoi il est important dans la culture égyptienne de prendre soin du corps du mourant, pour que ce dernier le retrouve dans le meilleur état possible à son retour sur terre. L'immortalité est donc à portée de main selon l'Égyptienne. Attentif à ces nouvelles idées, Jules César se met à suivre petit à petit ces nouveaux préceptes spirituels. Pourtant, Jules César est un guerrier, peut-être superstitieux, mais peu enclin à croire des croyances pour les simples beaux yeux d'une femme. Certains diront que ces promesses de souverain-dieu ont pu flatter son ego. Mais il est fort à parier que l'ego de Jules César ait été tellement câliné par la cour de Cléopâtre que l'empereur n'ait nul besoin d'autres théories pour l'assouvir. Ainsi, il faut forcément tout l'enchantement et l'expression envoûtante d'une Cléopâtre pour changer son regard sur sa mission d'empereur. Être à la fois empereur et dieu, croire à la résurrection des corps et à la vie éternelle ne se décrète pas en un simple échange verbal. Seuls les mots d'une femme teintée de divin peuvent expliquer que cet homme puisse croire à ces nouvelles idées.

D'ailleurs, grâce à cet exceptionnel don de conviction, les écrivains de l'époque disent que la reine a une emprise sans limite sur certains hommes. Par exemple, sur sa simple demande, Marc-Antoine exécute la sœur de Cléopâtre, Arsinoé, prisonnière depuis des années à Rome. Le politique Dion Cassius écrit environ deux siècles plus tard ces quelques lignes au sujet d'un Marc-Antoine à la merci des paroles de Cléopâtre : « Il [Marc-Antoine] parut avoir perdu la raison sous l'influence de Cléopâtre après des pratiques de sorcellerie. En effet, elle [Cléopâtre] fascinait non seulement Antoine, mais aussi les autres Romains qui avaient un pouvoir auprès de lui et elle les attachait à elle par un charme si puissant qu'elle pouvait espérer régner même sur les Romains. »

La légende pourrait faire passer Cléopâtre pour une jouisseuse, hédoniste à l'extrême, qui n'a que le vin et le sexe comme préoccupations. Mais une femme aussi focalisée sur ses relations d'intérêts ne peut qu'être une grande opportuniste plutôt qu'une ivrogne assoiffée de plaisirs charnels. Dès que Cléopâtre met en œuvre ses dons de parole, c'est pour mieux arriver à ses fins mais pas pour se soumettre à une autre autorité, qu'elle soit humaine ou matérielle. C'est un point central du grand charisme de Cléopâtre : elle s'exprime avec justesse non pas pour écraser son interlocuteur mais pour mieux concilier. Quand elle le souhaite, la reine sait « habiter » et remplir l'espace et le temps pour s'affirmer en toute tranquillité. S'imposer par une douce médiation résume l'art de cette femme venue d'ailleurs.

Il est donc certain que la réputation historique de Cléopâtre, femme séductrice, dévoreuse d'hommes et aux atouts féminins généreux, ne peut être vraiment crédible. Cléopâtre joue de son charme physique, à n'en pas douter, puisqu'elle attire César et Marc-Antoine dans son lit. Mais dire que son influence est due à ses prouesses sexuelles est un pur mythe, voire même une réduction quelque peu misogyne de son charisme. L'écrivain Plutarque résume parfaitement son talent d'envoûtement irrésistible : « Sa beauté, considérée en elle-même, n'était pas, dit-on, incomparable au point de ravir d'étonnement et d'admiration dès le premier abord. Mais sa fréquentation avait tant d'attrait qu'il était impossible de lui résister. Les charmes de son visage, soutenus par les appâts de sa conversation et par toutes les grâces qui peuvent émaner du plus heureux caractère, laissaient de profondes blessures. Sa voix était d'une douceur extrême » (*Vie d'Antoine*, 27, 2). C'est donc grâce à ses talents et non à sa beauté que Cléopâtre est l'une des femmes les plus célèbres de l'histoire.

Cléopâtre arrive à trouver un équilibre bénéfique d'une manière ou d'une autre aux deux partis, preuve de son extraordinaire sens de l'adaptation. Dans les discussions, la reine rassemble les intérêts pour diriger l'entente vers un but commun. Contre les méfaits de la guerre, la médiatrice antique offre toujours des solutions envoûtantes, pleines de promesses menant à la paix.

Plus précisément, l'atout principal de Cléopâtre est sans aucun doute sa capacité à expliciter des sentiments et des émotions qui touchent le cœur de son interlocuteur. Par une pseudo mise à nu de sa personne, Cléopâtre arrive à faire basculer la posture psychologique de la personne en face d'elle. Elle laisse transparaître avec légèreté une fausse franchise qui fait basculer les cœurs. En effet, contrairement à ce que nous pourrions penser, oser exprimer ses sentiments démontre une maturité relationnelle. Exprimer ses émotions – avec justesse – permet de donner de l'authenticité à l'échange. Faute de courage, beaucoup ressentent une peur, de l'angoisse, voire un isolement intérieur car ils n'ont pas tissé des relations suffisamment sincères avec autrui. Les murs que nous pouvons ériger autour de notre être apportent leurs propres souffrances. Cela empêche les autres de nous connaître tels que nous sommes profondément et nous gardons en nous des ressentis qui, s'ils ne s'évacuent pas, peuvent se transformer en amertume, rancœur, voire maladie. L'Égyptienne comprend, ressent et joue de tout cela à la perfection. De ce fait, la déesse exprime ses sentiments avec une fausse honnêteté très bien orchestrée et intensifiée par des émotions. La puissance de présence de Cléopâtre face à deux figures romaines aussi charismatiques montre une aisance théâtrale bien singulière. Ce qui complète parfaitement sa faculté à comprendre l'implicite pour encore mieux s'adapter aux nouvelles situations, idées et personnes.

Il faut attendre la défaite militaire en 31 av. J.-C. puis la mort de Marc-Antoine face à son ennemi romain Octave (futur Auguste) pour voir les limites de la déesse. Après leur défaite commune sur les côtes occidentales de la Grèce à Actium, Marc-Antoine et son amante se réfugient à Alexandrie. Sachant qu'Octave les pourchasse avec une armée pléthorique, le guerrier romain se suicide et Cléopâtre joue sa dernière carte en essayant de séduire Octave. C'est la dernière tentative de médiation de la reine mais celle-ci n'est pas un succès : Octave repousse ses avances. Preuve que Cléopâtre reste un être humain. La reine est dénuée de sa magie face à la solidité du nouvel homme fort de la République romaine. De ce fait, elle est jetée en prison mais parvient à se suicider pour ne pas être exhibée à Rome comme un trésor de guerre. Pendant ce temps, son fils aîné Césarion (seul prétendant au trône du fait de son lien de parenté avec Jules César) prend la fuite vers l'Éthiopie puis vers l'Inde mais se fait tuer à son retour à Alexandrie sous ordre d'Octave (les trois enfants de Marc-Antoine et Cléopâtre restent, eux, vivants).

Malgré ce dernier échec, l'Histoire garde en souvenir une personne unique dotée d'une force de négociation impressionnante. Cette femme fantasmée par beaucoup s'adapte à toutes les épreuves de la vie sans oublier de s'affirmer. En jouant sur ce qu'elle veut laisser transparaître, notamment par l'intermédiaire des émotions, Cléopâtre garde une confiance et une estime de soi exceptionnelles pour séduire à sa guise des personnes ayant pourtant de fortes personnalités. D'ailleurs, à voir les légendes qui apparaissent régulièrement à son sujet, Cléopâtre arrive même après sa mort à s'adapter aux siècles en changeant de mythe selon les désirs et besoins des hommes !

IV. Einstein, le génie de l'innovation (1879-1955)

« La logique vous mènera d'un point A à B. L'imagination vous mènera partout. »

À chaque révolution scientifique se cache un chercheur unique.

La fameuse équation $E = mc^2$ ne déroge pas à cette règle. Monsieur Albert Einstein est un homme complètement hors normes qui bouleverse notre perception de l'espace et du temps. Il est à la base d'un gigantesque changement de paradigme comme nous en connaissons peu dans l'histoire de la science.

Né le 14 mars 1874, le petit génie est le fruit de l'union d'Hermann et Pauline Einstein, couple d'Allemands. Après des études tumultueuses en Allemagne, le futur grand scientifique réussit à obtenir le diplôme de Polytechnique de Zurich. À sa sortie d'école, les diverses fins de non-recevoir auxquelles il fait face l'écœurent ; elles l'obligent à délaisser ses tentatives de carrière universitaire au profit d'un travail dans un bureau d'enregistrement des brevets en Suisse. Salarié ultra efficace, il dégage du temps qu'il consacre à la recherche en s'interrogeant sur les fondamentaux de la physique.

Sa curiosité intellectuelle sur ce sujet commence dès son enfance mais ce sont les années de 1902 à 1905 qui marquent sa période la plus intense en recherches. Ces trois années donnent naissance à la fameuse révolution scientifique. Quelques années après, la théorie de la relativité est née, le monde est subjugué. Les années passent et les chercheurs s'aperçoivent peu à peu de la robustesse de sa théorie : c'est bien un bouleversement sans commune mesure qui attend la science. Ses recherches sont si exceptionnelles qu'elles inspirent les Américains dans la création de la bombe atomique. Mais, plus encore que ses travaux, c'est l'homme qui intrigue la planète tout entière. Comment cet ancien élève si médiocre, qui n'a pas réussi à obtenir une place de professeur suppléant, a pu remettre en cause toute la physique en une équation ? Par quel processus intellectuel ce génie a pu parvenir à une conclusion aussi spectaculaire ? Encore de nos jours, Einstein est considéré comme une véritable énigme. Loin de vouloir comprendre la complexité de sa personnalité, il convient de mettre en avant quelques caractéristiques de son intellect pour percer une partie de son génie.

1. Analyser pour trouver l(a)es vérité(s)

La décomposition du cerveau d'Einstein après son décès aurait pu nous donner des indices sur ses extraordinaires facultés intellectuelles mais la dissection n'a pas eu les résultats escomptés. En effet, les différentes parties du cerveau d'Einstein sont classiques, aucune anomalie repérée. Si la biologie humaine ne nous renseigne pas sur ses capacités, certains traits de caractère du jeune Einstein peuvent nous aider à mieux comprendre son génie...

Insaisissable, désobéissant, incontrôlable, indiscipliné... autant d'adjectifs de mauvaise conduite qui peuvent décrire l'incapacité de « l'enfant » à se soumettre au système scolaire. Bien naturellement, Einstein est précoce, surdoué et comprend plus vite que la majorité des élèves de sa classe, mais l'impossibilité du petit enfant à suivre les cours vient d'ailleurs. En réalité, Albert ressent un besoin viscéral d'approfondir par lui-même les sujets, notamment ceux qui concernent les sciences. En mathématiques par exemple, à chaque explication de tel ou tel théorème par le professeur, Einstein demande la démonstration logique et la critique. Malheureusement pour ses instituteurs, plus la règle est simple, plus il demande des précisions car remettre en cause l'existant et comprendre la logique originelle motive encore plus l'enfant prodige. Pourquoi ce besoin insatiable de comprendre la base de toute question ? En réalité, plus l'enfant creuse une question, plus il se sent rempli d'une énergie qui lui donne la capacité d'analyser la question. L'esprit critique de son temps lui donne de la matière pour expliquer plus en détails son raisonnement. En ce sens, Einstein s'inscrit totalement dans cette fin de siècle, la

Belle Époque, imprégnée d'un esprit de remise en cause dans tous les domaines. La nécessité d'Einstein d'aller toujours plus dans la compréhension des choses est pour lui vital. Dès qu'il s'abandonne à cette quête de l'analyse, il entre dans un processus de bien-être intense. À l'instar d'un sportif qui ressent un besoin impérieux d'aller sur le terrain, Einstein ressent un besoin physiologique d'identifier les lois qui régissent la situation ou le problème posé. À cet instant, plus rien n'existe autour de lui, il entre dans une concentration extrême que les psychologues appellent le « *flow* ». Cette activité devient rapidement addictive car ce phénomène de plaisir intellectuel intense libère des endorphines et de la dopamine dans son corps. Plus il prend l'habitude d'approfondir un sujet, plus il s'accoutume à ces « doses » de jouissance. En règle générale, ce bonheur peut venir d'une activité comme l'exercice d'un sport ou la consommation de nourriture (exemple connu : le sucre). Rares sont les enfants qui ont un cerveau prêt à prendre autant de plaisir grâce à ce genre d'activité intellectuelle. À ce niveau-là aussi, Einstein est précoce car les enfants ne « retirent » ordinairement pas autant de satisfaction mentale de ce type d'activité. Lui en a un besoin quasi vital.

Pour le petit Einstein, poser des questions est donc naturel. Spontanément, il remet en cause le contenu des cours et l'autorité même des professeurs, ce qui provoque leur furie. Pourtant, il n'est pas question pour Einstein de tester les connaissances de ses supérieurs pour évaluer leur crédibilité, mais uniquement de comprendre le « pourquoi et le comment » de leurs dires. Le chahuteur est donc renvoyé de sa première école mais trouve refuge dans une école très libérale où la pédagogie est plus adaptée à sa manière de penser. Structure Montessori d'avant l'heure, sa nouvelle école est située en Suisse et permet aux enfants de questionner sans cesse leurs professeurs. Tel un partenaire de ping-pong, Einstein pose ses questions en permanence pour comprendre « le monde » qui l'entoure. Einstein n'a pas plus de respect pour ses professeurs de cette nouvelle école mais ce système d'apprentissage lui permet d'apprendre comme un élève « normal ».

À l'âge adulte, on remarque exactement le même phénomène intellectuel. Sur le plan de la technique mathématique ou physique, peu de personnes peuvent l'aider, il dit d'ailleurs à ce sujet : « Je préfère vivre et travailler dans un phare, tant je dépends peu des autres sur le plan scientifique. » Mais au niveau de l'écoute et des réflexions fondamentales sur un sujet, Einstein a cruellement besoin d'interlocuteurs. S'interroger sur les fondamentaux du cosmos ne requiert pas une compétence stratosphérique en mathématiques ou en physique mais essentiellement de la curiosité pour « l'origine des choses ». C'est pourquoi Einstein s'entoure toujours de personnes qui peuvent lui garantir un effet miroir dans ses réflexions.

Avant sa renommée mondiale, sa première femme, Mileva, jouait un rôle très important auprès du grand chercheur par exemple. Grâce à sa présence, Einstein verbalisait de manière continue ses pensées. Le professeur Gerard Holton, qui a étudié les prémices de la théorie de la relativité, précise : « Dès le début ils lisaient toujours les livres ensemble. Einstein est un homme qui a besoin de livres et d'un interlocuteur. Il ne fait aucun doute qu'ils ont beaucoup parlé de son travail. » Les longs dialogues avec ses quelques amis comme Michele Besso (1873-1955) contribuent aussi à ce qu'Einstein puisse libérer et préciser ses intuitions. En effet, il faut gérer ce flot permanent de suites logiques qui émanent du cerveau du génie ! Comme il le dit lui-même : « Je ne travaille pas vite mais tout le temps. » C'est dire son appétit à clamer des monologues en continu…

En 1900, le jeune ingénieur obtient son diplôme de fin d'études, publie un premier article et arrive à trouver un emploi un minimum intéressant à ses yeux. En effet, le père d'un de ses amis le fait entrer dans un bureau des brevets en Suisse pour formaliser les demandes d'enregistrement des innovations d'inventeurs et d'entrepreneurs. À cette période de l'histoire, les créations sont légion et Einstein a donc beaucoup de travail mais il dégage du temps pour ses propres recherches. En effet, Einstein clôt les dossiers deux fois plus vite que la moyenne de l'entreprise, ce qui lui permet de se consacrer à des travaux de recherche plus personnels. Sa rapidité de travail est telle qu'il passe des heures entières à ses préoccupations tout en rendant ses dossiers de manière très rigoureuse. Dans la sphère privée, sa vitesse peut en surprendre plus d'un sur de nombreux sujets et il s'aperçoit lui-même de son intelligence dite complète. En effet, le génie d'Einstein ne s'arrête pas aux sciences. Philosophie, cosmos, écriture, langues, psychologie… Einstein approfondit de nombreuses disciplines avec un regard toujours plus précis sur « le pourquoi du comment ». Sur ce point, Einstein est également un être à part. L'homme mobilise un ensemble d'intelligences à un degré très élevé. Comme l'explique en 1983 Howard Gardner, nous mobilisons tous différents types d'intelligences :

- L'intelligence linguistique, qui est « la capacité à utiliser et à comprendre les mots et les nuances de sens ». En d'autres termes : la capacité d'utiliser le langage pour comprendre les autres et pour exprimer ce que l'on pense (à l'écrit ou à l'oral). Cela concerne aussi bien la langue maternelle que les langues étrangères.

- L'intelligence intra-personnelle, relative à la connaissance de soi. Cette faculté dite « socratienne » permet de se former une idée de soi suffisamment précise et réaliste pour en prendre compte et évoluer dans sa vie. En résumé, se rapprocher de son moi profond en se connaissant de mieux en mieux, l'introspection en action.

- L'intelligence musicale qui constitue l'aptitude à ressentir, décomposer et créer des rythmes et mélodies musicaux.

- L'intelligence spatiale : « La capacité de trouver son chemin dans un environnement donné et d'établir des relations entre les objets dans l'espace. » Se représenter ou créer une image mentale, si besoin en y intégrant un phénomène de rotation.

- L'intelligence interpersonnelle, qui est la capacité de comprendre les autres et de communiquer avec eux. Se mettre à la place d'autrui pour mieux échanger, de manière constructive. Cette capacité, si importante pour évoluer dans le monde professionnel, est liée à l'empathie et à la compréhension de la communication non verbale.

- L'intelligence corporelle-kinesthésique, capacité de coordonner de manière précise ses gestes du corps pour réaliser une œuvre ou des mouvements sportifs, s'exprimer ou faire éclore un sentiment.

- L'intelligence naturaliste : « L'intelligence qui permet d'être sensible à ce qui est vivant ou de comprendre l'environnement dans lequel l'homme évolue. C'est la capacité d'apprécier, de reconnaître et de classer la faune, la flore et le monde minéral. Cette capacité s'applique aussi, par extension, à l'univers culturel qu'elle permet d'interpréter. »

- L'intelligence logico-mathématique, qui permet de résoudre de manière logique des problèmes abstraits – pas nécessairement mathématiques – en analysant la suite cohérente des causes et les conséquences d'une action ou d'une idée.

- L'intelligence existentielle, ou intelligence spirituelle, qui se concrétise par la faculté de se questionner sur le sens et l'origine des éléments de la vie dont la vie elle-même. C'est la capacité à se situer par rapport au monde.

Il est évident qu'Einstein utilise l'ensemble de ses aptitudes intellectuelles à des niveaux très importants, notamment la logico-mathématique mais aussi l'existentielle. C'est ce point qui fait une des spécificités intellectuelles du génie. La compréhension du monde qui l'entoure le motive profondément. Plus que sa passion, c'est sa raison de vivre. Définition de l'homme, existence de la vie dans l'univers, rôle du soleil, du vent, de la pluie, sens de la vie, mort, temps, espace, matière, corps… tous ces éléments lui donnent des piliers de réflexion qui construisent sa pensée en toute rationalité. Einstein croise donc ces deux intelligences à leur sommet pour accoucher de ses idées. Il ressent, analyse le monde et essaye de le comprendre de manière simple, logique et fondamentale. Par tous les moyens, il cherche à se situer par rapport aux limites cosmiques (l'infiniment grand et l'infiniment petit) et à définir des règles par rapport aux domaines de la vie. De ce fait, il trouve son bonheur en se plongeant mentalement et de manière continue dans la compréhension du cosmos pour comprendre plus globalement la vie sur terre.

2. Synthétiser pour « penser global »

Il est certain qu'une dose de « *flow* » continue est nécessaire pour que l'intérêt de repenser les fondamentaux de la physique puisse être une activité plaisante. Peu importe l'environnement, dès qu'Einstein approfondit ses connaissances, un plaisir hors du temps s'empare de son corps et de son esprit. Par exemple, en 1935, alors que sa femme de l'époque (Elsa) hurle de douleur à cause de sa maladie dans leur maison à Princeton, le génie ne se déconcentre absolument pas. Einstein, lui, pense tranquillement. En revanche, son collaborateur Peter Bergmann, lui, est incapable de se concentrer ! Freud, qui était un de ses grands amis, aurait peut-être pensé que ce comportement était un simple mécanisme de refoulement psychologique pour protéger sa sensibilité, qui sait ?

Ainsi, sa capacité de concentration lui permet de s'extraire des détails pour réfléchir avec plus de recul. Un jour de 1907, alors qu'il est à son travail, il réfléchit comme à son habitude et s'imagine une personne qui tombe en chute libre depuis le toit de sa maison. Le jeune homme remarque « qu'il n'existe, au moins dans l'environnement immédiat, aucun champ de gravitation ». Autrement dit, en chutant, l'homme ne ressent pas son poids. Contrairement à Newton, qui présente l'attraction terrestre comme une force par laquelle la grande masse attire d'autres masses, l'analyse empirique d'Einstein prouve que l'énergie est intégrée sans discontinuité à l'intérieur de l'univers espace-temps, dans lequel les éléments du cosmos se meuvent. Le premier principe de sa théorie est établi : l'espace et le temps ne forment qu'une seule entité.

Par ailleurs, l'image de deux personnes qui se voient par la fenêtre dans leurs trains respectifs à la même vitesse est très représentative de l'autre découverte d'Einstein car ni l'un ni l'autre ne peut se sentir bouger (leur référentiel dans l'espace, par rapport à l'autre personne, ne change pas). De même, le savant se pose la question : « Et si le soleil disparaissait, combien de temps faudrait-il pour m'en rendre compte ? » Einstein prouve que cela dépend en réalité de la distance qui me sépare du soleil. Ainsi, la vitesse est constante mais la distance et l'espace peuvent varier. En résumé, une seconde ne dure pas toujours une seconde et un mètre n'est pas toujours un mètre, tout cela dépend de la vitesse.

Ainsi, en revenant aux fondamentaux liés à l'observation, Einstein démontre que les mesures sont relatives à la vitesse de l'observateur. En particulier, le temps se dilate et l'espace se contracte. En d'autres termes, la matière indique à l'espace comment il doit se courber, et l'espace dit à la matière comment elle doit se déplacer. Avec un humour toujours teinté de sens pratique, la nouvelle star mondiale résume sa théorie en 1909 à l'un de ses fils : « Lorsqu'un scarabée aveugle progresse sur une branche courbée, il ne se rend pas compte de sa courbature. J'ai eu la chance de remarquer ce que le scarabée n'avait pas remarqué. »

En 1915, ses conclusions générales sont clairement établies : l'espace-temps se courbe d'autant plus que la masse à proximité est grande et la gravitation influence donc l'écoulement du temps. Le 20 mars 1916, il publie ces grandes découvertes dans les *Annales de la physique.* À cette même période, les portes s'ouvrent plus facilement et l'inventeur de la formule $e = mc^2$ obtient la nationalité suisse et une place de professeur attitré. Ses homologues européens s'aperçoivent en quelques mois de la profondeur du génie d'Einstein, et plus précisément de sa double faculté intellectuelle.

Premièrement, il part du réel pour l'extrapoler dans sa tête en reliant des idées – *a priori* – sans liens logiques. Einstein remet constamment en question l'ordre établi de situations concrètes pour créer de nouveaux liens logiques. La méthode *bottom-up* (aller du pratique vers la théorie ou du concret vers l'abstraction) ne pourrait connaître meilleur ambassadeur ! Ensuite, il combine de manière différente des éléments et leur donne un sens qu'ils n'avaient pas auparavant.

Deuxièmement, le savant sait tirer de ses premières conclusions une théorie générale complètement cohérente. Grâce à un niveau de perception plus « en recul » du problème envisagé, Einstein fournit une réflexion globale qui est aussi robuste qu'une vérité générale que tout le monde admet.

Mais la capacité de synthèse d'Einstein ne s'arrête pas à ses théories. Le savant met en avant ses capacités à raisonner de manière globale sur la vie en général et bien naturellement sur ses propres travaux intellectuels. Dès son enfance, le savant accumule une culture globale notamment en philosophie et en psychologie, ce qui lui permet de s'inspirer d'autres types d'observations et de mettre en perspective son travail de recherche. Par exemple, Einstein est très sensible au principe d'égalité, comme tous les philosophes qui l'ont inspiré. Il est persuadé que le monde fonctionne selon les mêmes lois pour tous. Son intuition est autant instinctive qu'espérée : il n'existe pas de privilèges tant dans la vie sociale que dans le cosmos ! À l'instar de ses philosophes préférés (Kant, Spinoza et Hume), qui remettent en cause le cadre, les codes et les dogmes, Einstein réfléchit à un monde avec plus d'égalité entre les hommes, un monde plus juste et libre. Ses pensées sont si ancrées dans sa vision de vie qu'elles sont transférées dans ses idées de recherches. À seize ans, il se posait déjà ce type de questions teintées « d'égalité d'observation » : que ressentons-nous si nous sommes à cheval sur un rayon lumineux à vive allure, la lumière reste-t-elle immobile ou sombre-t-elle dans l'obscurité ? Quelques années plus tard, on retrouve ce principe d'égalité dans sa grande théorie.

De même, il est certain de l'unité de la race humaine. Pour lui, séparer les hommes par des cultures, des religions ou des races/ethnies n'a pas de sens sur la vie terrestre. De ce fait, le lien avec son intuition scientifique, où l'espace et le temps ne forment qu'une seule entité, est évident.

Par ailleurs, contrairement aux chercheurs court-termistes et sans éthique, Einstein place son savoir scientifique au service de l'histoire humaine, qu'il veut positive et constructive. Le savant met du sens dans ses recherches car il a de profondes convictions humaines. En 1913, il refuse de signer les accusations – signées par d'illustres Allemands (comme Max Planck, Wilhelm Röntgen, Walther Nernst ou encore Fritz Haber) – contre les gouvernements français, serbe, russe et anglais qui auraient été – selon le papier – les principaux initiateurs d'une éventuelle guerre entre Européens. Pis, certains de ses collègues scientifiques collaborent étroitement avec les gouvernements allemands pour armer la Wehrmacht des dernières innovations militaires. Einstein, lui, est un pacifiste. Il est l'un des quatre grands noms à signer un contre-manifeste du professeur Georg Nicolai. Pas un scientifique de plus – sur les cent contactés – n'a signé cet appel à la raison. Cette période révèle le désespoir du grand scientifique mais aussi ses profondes visées humanistes. À ce titre, il dit un jour à un ami : « On a du mal, en vivant cette "grande époque", à comprendre que l'on appartient à cette espèce folle et dévoyée qui proclame sa foi dans le libre arbitre. Si seulement il existait quelque part une île pour des gens de bonne volonté et les caractères pondérés. Dans ce cas, moi aussi, je serais volontiers un ardent patriote. »

Son pressentiment est bon : quelques années plus tard, Einstein est obligé de se réfugier en Angleterre puis aux USA, juste avant l'arrivée d'Hitler au pouvoir. Pour le génie scientifique, le « bon » doit toujours guider l'utilisation de la science. Le savoir doit être au service de l'homme et du cosmos mais jamais à son encontre. La connaissance n'a pas de but en soi mais est un moyen pour faire grandir le monde. Le savant prouve toute sa capacité à voir le monde « par la grande porte » en relativisant son travail par rapport à la vie.

De même, durant la Seconde Guerre mondiale, Einstein comprend rapidement comment les nouveaux rapports de force se construisent dans le monde. L'ancien citoyen allemand connaît la puissance mortifère des nazis puisqu'il avait anticipé leur ascension. Il se doute également que sa découverte peut être la base d'une arme à destruction massive. Ainsi, pour ne pas laisser le champ libre à Hitler et à ses alliés japonais et italiens, le grand physicien écrit une lettre au gouvernement américain pour le convaincre de mener des expériences militaires à partir de ses révolutions scientifiques. En clair, Einstein joue de sa notoriété pour persuader Roosevelt de l'utilité de la bombe atomique pour arrêter la guerre. Pour lui, il est préférable que la bombe soit aux mains des Américains et non dans celles d'Hitler, qui lui a déjà commencé son plan de recherche. On n'ose imaginer la situation si les nazis avaient trouvé la bombe avant les USA. Ainsi, son ouverture d'esprit lui permet de comprendre les nouveaux enjeux militaires d'une guerre mondiale et de les lier aux potentialités de ses découvertes.

3. Explorer l'inconnu pour créer le futur

L'innovation au sens large du terme est au cœur de l'évolution anthropologique, sociale et économique. Nous avons beau le savoir, peu de personnes sont capables d'innover vraiment, de créer du nouveau. D'ailleurs, les véritables créateurs sont si rares qu'ils sont rapidement imités. Dans le monde de l'entreprise, ce jeu est bien connu : une bonne idée est parfois reprise à une vitesse fulgurante par un autre collègue, qui s'octroie – souvent sans gêne – les mérites de la réflexion ! Les découvertes d'Einstein subissent le même sort : dès la publication de ses articles en 1916, les chercheurs adoptent ses démonstrations pour mieux les valoriser. Cependant, les découvertes scientifiques sont si abyssales que ses compères s'interrogent autant sur la profondeur de ses analyses que sur le processus qui lui a permis de les élaborer.

D'une manière générale, pour atteindre le titre « d'innovation », il est nécessaire dans un premier temps d'identifier les éléments d'un sujet, de les approfondir, puis de relever les plus importants dans une cohérence globale. Dans un second temps, l'impulsion créatrice prend le relais pour recombiner les éléments d'une manière différente et proposer de la nouveauté. L'idée, l'œuvre artistique ou l'invention technique se place au-delà de la logique apparente, c'est pourquoi il s'écoule parfois un long temps avant qu'elle soit reconnue par le monde. Galilée, Newton et les autres grands astrophysiciens ont toujours une longueur d'avance sur la logique du monde. Certains sont même persécutés pour leur talent de visionnaire. *A contrario*, Einstein est reconnu seulement quelques années après ses premières grandes avancées sur sa théorie de la relativité générale.

Pour Einstein, ce deuxième temps où la création prend forme s'est déroulé en cinq semaines, dans la période de 1902 à 1905. Après s'être longuement interrogé sur des situations concrètes, imaginées dans son esprit (telles que l'idée du rayon lumineux sur lequel il est à cheval), il rentre dans l'inconnu de son intuition. Durant ces jours, le temps passe et l'homme paraît de plus en plus inaccessible tellement il est plongé dans ses recherches. Seul son bébé peut parfois le distraire, ce qui lui permet d'aérer un peu son esprit. En souvenir de ces moments, le savant racontera plus tard : « Nous nous trouvons dans la même situation qu'un petit enfant entrant dans une gigantesque bibliothèque [...]. L'enfant sait qu'il y a forcément eu quelqu'un pour les écrire. Mais il ne sait pas de qui il s'agit, ni comment il l'a fait. [...] L'enfant note alors qu'il y a une certaine règle dans la disposition des livres, une mystérieuse succession dont il ne connaît pas le principe, qu'il peut juste deviner. »

Durant ces jours si stratégiques pour l'humanité, Einstein rentre dans les tréfonds de son être. Il sait qu'une grande vérité y est inscrite. La chercher lui demande un détachement de ses anciennes croyances et connaissances qu'il a lui-même apprises souvent seul dans sa chambre. Cette fois-ci, il est crucial de remettre tout en question pour faire émerger une logique mathématique digne de sa prémonition. Durant ces instants d'infini, le fonctionnement de son intellect est – bien naturellement – à un niveau très élevé mais c'est tout son corps qui est mobilisé. Sa concentration extrême alimente en énergie toute sa personne et sa tonicité nerveuse est forte. Rapidité et réaction logiques forment un combo parfait pour le mener à sa création. Le jeune homme place ses formules dans tous les sens, en vain, l'œuvre se fait attendre. Pourtant, il veut donner au monde une avancée qu'il sent proche. Son affectivité est également à son summum. Les quelques amis qui lui rendent visite parlent d'un homme ultra réactif, devinant même les questions de ses interlocuteurs ! L'homme est complètement absorbé dans ses démonstrations mathématiques. Son médecin décrit la situation : « Il ne cesse de tourner autour du doigt l'une des boucles au-dessus de son front. Ses sourcils et son front sont pointés vers le haut, si bien que ses cavités orbitales paraissent énormes et que son front haut et clair semble les entourer d'un cadre lumineux. Dans ces cas-là, on pense avoir devant soi un esprit puissant. Mais quand on y regarde de plus près, il semble que le cerveau tout entier se concentre sur la partie avant de la tête. » Einstein est en ébullition et finit par « accoucher » de sa formule magique : $E = mc^2$. Après cet effort surhumain, le génie est littéralement exténué. Einstein reste un homme. À la suite de sa découverte, il dormira pendant des semaines et des semaines de manière quasi continue. Heureusement, sa (première) femme est présente pour le comprendre et lui donner des soins.

Même si le grand déclic scientifique s'est passé durant cette courte période, Einstein n'a eu de cesse de retravailler en amont ses formules. Sa grande théorie de la relativité générale est le fruit d'une longue maturation. Le monde moderne lui doit aussi l'invention du réfrigérateur et de l'appareil auditif. Cette capacité à innover sans cesse et à associer des nouvelles idées, techniques, concepts pour créer est donc un marqueur de la personnalité d'Einstein. Bien que l'essentiel intellectuel éclose vers ses trente ans, l'homme s'amuse en permanence à explorer le « caché ». C'est donc un véritable esprit de jeunesse qui porte cet homme si jovial et gai dans la vie de tous les jours. Ceux qui travaillent avec lui savent que l'homme qui tire la langue sur les photos fonctionne au ludique. Si le futur est amusant, avec de la nouveauté de surcroît, alors Einstein se précipite dans l'action avant tout le monde. Le célèbre peintre Henri Matisse parle de son ami physicien comme d'une personne qui a l'extraordinaire capacité de garder son « regard d'enfant » sur le monde. Lui-même va jusqu'à dire avec un brin d'humour qui le caractérise que son génie vient d'un retard mental : « Je me suis posé la question du temps et de l'espace à l'âge adulte alors qu'en général, c'est dans l'enfance que nous nous situons dans le temps et l'espace. » Ce trait de personnalité est très important pour imaginer l'élan créateur du génie. À ce propos, il dit un jour : « Je crois que la plus forte motivation de l'art et de la science est la volonté de fuir la vie quotidienne avec sa grossièreté et sa monotonie et de se réfugier dans un monde peuplé d'images de sa propre création. » S'ouvrir à la nouveauté et la comprendre est la mission de vie de cet homme. Dans le cas contraire, son désir baisse petit à petit et la lassitude prend le pas.

En effet, la création est de taille car Einstein remet en cause la vision de l'univers que Isaac Newton propose depuis deux siècles. Cette compréhension du cosmos n'avait jamais été critiquée. Jusqu'à ce début du xxe siècle, le monde considérait l'espace comme une réalité physique fixe, avec des étoiles se déplaçant de manière mesurable. Le temps était non variable et absolu. En réalité, Einstein prouve que les étoiles et les galaxies se déplacent en relation les unes avec les autres et non en relation avec un espace clos et un point fixe. Dans l'univers, tout le monde bouge avec tout le monde. Autre exemple : deux flux identiques ne peuvent être définis que de manière relative, dans un cadre de référence choisi. Si l'on change de cadre, les flux peuvent paraître différents. Si l'on y ajoute que la masse d'un corps diminue proportionnellement à l'énergie qu'il dégage et que toute énergie a donc intrinsèquement une masse et inversement, alors, $E = mc^2$ est vraie (E = énergie ; m

= masse ; c = vitesse de la lumière en mètres par seconde). Une immense énergie peut se libérer d'une toute petite masse dont des parties se fissurent. Ces dernières pourront, à leur tour, permettre de dégager de l'énergie si elles sont recassées, et ainsi de suite. Certains chercheurs percevront très vite l'utilisation militaire potentielle de cette découverte en décomposant des noyaux d'atomes lourds comme de l'uranium et du plutonium. Car si on pense qu'une énergie est dans chaque partie du cosmos (un caillou, un arbre ou autre élément de la nature), l'énergie est donc potentiellement illimitée et donc très destructrice.

Quoi qu'il en soit, il existe une étonnante coïncidence entre sa découverte scientifique et son processus intellectuel. Les deux éléments sont tous les deux liés à l'énergie. L'un est un nouvel équilibre cosmique, l'autre est un alignement parfait de ses énergies personnelles et donc de ses dons. Le chercheur a su aligner ses talents et leur utilisation de manière juste et adaptée à sa personne. À l'image d'un bateau dont les voiles prennent parfaitement le vent pour avancer, Einstein se hisse à la pointe de lui-même en utilisant au maximum ses aptitudes et offre au monde une nouvelle vision du cosmos. Mais l'analogie ne s'arrête pas là…

En effet, le summum de ce que nous sommes capables de faire est toujours inconnu. C'est pourquoi, en sus de nos talents qu'il faut découvrir, il est nécessaire de faire preuve d'audace et d'abandon. Audace pour oser aller en terre inconnue ou en plein océan car notre destinée s'y cache impatiemment. Abandon pour ne pas juger ses doutes et ses erreurs qui sont un préalable indispensable au succès. Une fois la liberté de création exposée au grand jour, arrive la plénitude du relâchement de son esprit et de son corps. À partir de ce moment, peu importe le regard d'autrui, le bonheur de « l'accouchement » est ancré à jamais dans le corps et l'esprit du créateur (qu'il soit artiste, écrivain, inventeur ou chercheur…). Enfin, lorsque l'innovation vient proposer un réel changement de paradigme et que le monde est prêt à changer, alors la vague des révolutions successives est en marche !

À la suite de ses révélations scientifiques, Einstein a reçu d'innombrables sollicitations pour expliquer sa théorie. À travers toute la planète, l'invité star est Monsieur Albert Einstein. Considéré comme un génie à part entière, son disciple Albrecht Folsing dit même à son sujet : « Einstein s'est glissé lui-même dans la peau du créateur du monde et des lois. » Lui-même dit un jour : « Quand je porte un jugement sur une théorie, je me demande si, dans l'hypothèse où je serais Dieu, j'aurais aménagé le monde de cette manière-là. » Par ailleurs, le rayonnement de ses recherches se fait ressentir dans de nombreuses sphères, notamment intellectuelle et artistique. Outre les innovations technologiques qui en découlent, le cinéma, l'architecture, la peinture, la musique, la philosophie, la littérature et bien d'autres domaines opèrent un renouveau fondamental dans leur expression grâce à lui.

Cependant, Einstein, qui a une âme de philosophe, sait pertinemment la fragilité de la création. Les créations artistiques, inventions techniques, nouveaux paradigmes scientifiques et autres créations humaines sont passagères dans la grande histoire de l'humanité. Le sage homme relativise ses découvertes car il connaît la dure réalité des scientifiques : une découverte est vraie jusqu'à… ce qu'elle soit dépassée par une autre qui se rapproche un peu plus d'une vérité inatteignable. Avec un certain recul sur la vie, Einstein ose écrire dès 1930 : « Ressentir que derrière le monde connaissable se dissimule une chose hors de portée de notre esprit, dont la beauté et l'éminence ne nous atteignent que de manière médiane sous forme d'un faible reflet… c'est dans ce sens que je suis religieux. Il me suffit de deviner ces mystères en m'en étonnant et de tenter de réaliser par l'esprit, dans l'humilité, un terne reflet de la structure sublime de l'Étant. » Le prix Nobel de physique de 1921 (lié à l'explication de l'effet photoélectrique) reconnaît que le développement de la science est nécessaire à la vie de l'homme à condition qu'il soit utilisé à des fins sociales et humaines. Tout compte fait, le plus important n'est pas uniquement que la manière de raisonner soit cohérente et innovante mais de travailler avec un cœur inspiré par le bien.

V. Jules César, l'organisateur-né

(100-44 av. J.-C.)

« Veni, vidi, vici. »

Cette formule est presque aussi connue que son nom. En effet, Jules César dessine le monde autant qu'il le fascine. Avocat, écrivain, homme politique, général, dictateur, empereur, ce n'est clairement pas un hasard si le nom de ce grand homme a insufflé un nouveau mot dans plusieurs langues : « *Kaiser* » pour les empereurs allemands ; « *Czar* » ou « *Tsar* » pour ceux de la Russie. Pourtant, d'autres leaders romains ont essayé de marquer l'Histoire autant que lui : Auguste, Tibère, Caligula, Claude Ier, Néron… Ils étaient tous de grands guerriers, fins stratèges et ambitieux politiques, mais seul l'homme au crâne chauve reste dans nos esprits.

Issu d'une famille noble, il gravit dès son plus jeune âge les échelons militaires. Ensuite, il se voit rapidement confier quelques légions puis remporte des guerres et élimine petit à petit ses adversaires. Fort de ses succès, le chef romain fédère les foules à sa cause, agrandit son armée et s'élance vers l'autocratie pour remettre de l'ordre et ainsi « sauver » la République de la division. Une histoire classique pour Rome…

Mais pourquoi donc est-il si fortement incrusté dans notre mémoire collective ?

La raison principale pour laquelle Jules César est célèbre se résume en cette phrase écrite sur un tableau qu'il a fait peindre après sa victoire sur Pharnace : « *Veni, vidi, vici* » (« Je suis venu, j'ai vu, j'ai vaincu »). C'est simple, direct, carré et très efficace. Cette inscription légendaire contient tout le génie d'organisation et de planification de cet homme qui a tant marqué l'Histoire. Telle une machine programmée pour avancer jusqu'à l'éternel, Jules César prévoit tout pour arriver à son objectif de vie : concentrer un maximum de pouvoir entre ses mains et diriger seul la République de Rome.

Pour ce faire, le grand chef prouve à maintes reprises qu'il est capable de tenir la distance sans jamais se décentrer de son but. Mais si son intérêt change de modalités, l'homme à l'allure de loup peut changer son braquet d'épaule en quelques instants. Ainsi, organisation, constance et renversement sont les trois maîtres mots pour comprendre l'ascension fulgurante du premier empereur des Romains, l'un des carriéristes les plus redoutables de l'histoire du monde.

1. Bâtir sa carrière sur le roc

Commercial, chargé de mission, cuisinier, PDG, assistant ou chef de projet… nous sommes très nombreux à être confrontés à la question de l'orientation professionnelle. Face à nous-mêmes ou avec un autre interlocuteur, cette interrogation concerne la très grande majorité des personnes. Un jour, nous devons presque tous inévitablement y répondre. D'ailleurs, cette question peut intervenir à toutes les étapes de notre vie : fin d'études, début de carrière, évolution de poste, changement d'entreprise, reconversion, retraite… Cette interrogation nécessite de se questionner, tant au niveau de ses objectifs que sur le comment y arriver.

Quel est votre projet professionnel ?

Lors d'un accompagnement RH ou d'un recrutement, cette question est généralement posée pour savoir si l'interviewé se connaît et a une capacité à se projeter par étapes. Au-delà de la réponse en tant que telle, l'interviewer juge si la personne a tendance à aller vers l'avant de manière structurée et rationnelle ou si elle reste dans une posture passive face à la construction de sa carrière. Dans ce domaine, Jules César est un des meilleurs exemples que nous pouvons examiner dans l'histoire de l'humanité.

Cet homme est unique. Non pas grâce à la place qu'il occupe en tant que premier empereur de Rome mais parce qu'il ordonne étape par étape son plan de conquête du pouvoir. De cette manière, nul ne peut douter de sa réussite. Le guerrier compile petit à petit les ingrédients nécessaires à l'accès au pouvoir suprême et positionne ses pierres personnelles pour construire sa gloire légendaire.

Ainsi, à voir sa capacité à diriger de manière si méthodique sa carrière, certains à Rome se méfient de cet homme dès ses premières victoires militaires. En effet, Jules César programme minutieusement son ascension pour exercer son autorité à Rome afin de « servir » au mieux le peuple.

La première étape commence donc par la définition de son but ultime, de sa vision. Cela peut sembler trivial mais combien sommes-nous à ne pas déterminer explicitement nos ambitions de carrière, voire nos désirs profonds pour notre vie ? La vision de notre vie professionnelle est la situation idéale dans laquelle nous souhaitons nous diriger. À partir de cette vision, qui peut bien naturellement se modifier avec le temps, nous pouvons construire les étapes et leurs objectifs pour y arriver. Que cela résulte d'un désir aligné avec sa nature profonde ou au contraire d'une envie remplie d'orgueil, force est de constater que Jules César a une vision très claire de sa vie : accéder aux pleins pouvoirs et régner sur la République romaine pour faire perdurer son rayonnement.

La vocation d'être le plus grand des Romains est confortée dès son plus jeune âge par ses parents qui le persuadent qu'il est l'élu parmi les élus. En effet, la République romaine, qui commence en 509 av. J.-C. avec l'arrivée au pouvoir de l'aristocratie patricienne, est désormais gouvernée par les familles nobles de l'époque comme celle de Jules César. Grâce à son nom de naissance, il peut et doit siéger au Sénat pour définir les orientations de la République qui s'agrandit d'année en année.

Mais aller plus haut sur la pyramide du pouvoir suppose un rapport de force à son avantage tant sur le plan politique que militaire. Ainsi, il sait que ce n'est pas seulement avec son nom de famille et quelques stratagèmes politiques mais en sachant diriger qu'il pourra arriver à son but.

La seconde étape de son succès tient donc en une bonne et solide formation, notamment militaire. Peu importe le talent, le succès s'apprend avec du travail et de la rigueur. Le petit Jules reçoit ainsi une éducation digne d'un grand chef militaire et politique. Dès son jeune âge, l'enfant bénéficie de cours d'armes, de rhétorique, de grec, de culture, de philosophie, de méditation, de droit, d'intelligence de guerre, etc. Les plus grands professeurs (les *nomenclatores*) du système hors-contrat de l'époque sont à sa disposition. L'enseignement passe aussi par la préparation du corps. Car pour endurer les dures conditions de vie qu'impose la guerre, la chair doit être prête à souffrir avec courage. Bien que fils de noble, Jules César subit très tôt les conditions spartiates et les demandes de dépassement de soi au niveau physique. Il apprend à lutter jusqu'à ses dernières forces contre ses futurs ennemis. Cependant, contrairement aux autres élèves, Jules César « reçoit » son éducation autant qu'il la « construit ». Le jeune adolescent ne se laisse pas dicter ses cours mais participe à outrance en redemandant sans cesse à perfectionner ses compétences. Véritable acteur de sa formation dans de nombreux domaines, cet homme réussit à manier les mots aussi bien que les armes, la pratique aussi bien que la théorie, et la stratégie aussi bien que l'opérationnel.

Pour parachever son éducation, sa famille l'envoie à Rhodes (en Grèce) pour affiner sa rhétorique et son éloquence. Sur cette île, il côtoie le grand intellectuel et sénateur Cicéron qui, lui, se méfiera toujours de sa supposée vocation républicaine. Bien naturellement, une éducation religieuse est aussi au programme dès son enfance pour asseoir la conscience de l'homme de décision qu'il devient peu à peu. Cette formation est importante car connaître les dieux, c'est aussi être proche d'eux pour attirer leurs faveurs. Ainsi, grâce à des croyances et superstitions reçues dès petit, Jules César s'autopersuade toute sa vie de son destin personnel exceptionnel.

La troisième étape est commune à toute personne qui souhaite progresser vite dans sa carrière politique : avoir du pouvoir pour influencer les décisions. De nos jours, les partis achètent des enquêtes pour « peser » financièrement auprès des instituts de sondages afin qu'ils daignent les « insérer » dans les courses électorales ou dans les débats démocratiques. Autre technique actuelle, les mouvements politiques s'associent à (ou achètent) des médias pour diffuser leurs idées et ainsi endoctriner les citoyens. À l'époque, l'autre vrai pouvoir politique est celui des armes. Créer une armée, c'est donner du travail à de nombreuses personnes. Ainsi, l'utilité est double : augmenter sa popularité auprès du peuple et accroître son influence à la cour.

Cependant, pour recruter des milliers d'hommes prêts à se battre, des moyens financiers très conséquents sont nécessaires. Les légionnaires ne travaillent pas gratuitement, il faut donc beaucoup d'argent. Dans ce domaine, Jules César est très convaincant face à ses investisseurs. Sa célèbre formule teintée d'humour – « Avec de l'argent on a des soldats, avec des soldats on vole l'argent » – est très efficace et il réussit à persuader les plus riches de Rome de soutenir ses épopées guerrières.

La quatrième étape est l'appui du peuple de Rome. Même si la République romaine n'est pas une démocratie comme on l'entend aujourd'hui, les théocrates de Rome savent qu'on ne peut fondamentalement prodiguer des lois à l'encontre du peuple. Car un beau jour, les citoyens se réveillent et, lassés d'être dirigés par des despotes, ils se révoltent d'une manière qui peut être cinglante. Ainsi, les patriciens des grandes familles qui dirigent Rome respectent et craignent la plèbe (les citoyens romains, distincts des esclaves), qui ne vote pas mais qui constitue l'opinion publique. César comprend mieux que quiconque la nécessité de séduire ce peuple, source de vraie légitimité.

Pour cela, il se fait élire très tôt à l'assemblée du peuple (en 72 av. J.-C.) et, dès sa sortie d'études, le jeune homme emprunte des sommes très importantes pour « fluidifier » son travail de haut fonctionnaire. En d'autres termes, Jules César prend l'habitude d'acheter les services des personnes utiles à la réalisation de ses objectifs. Par exemple, lorsqu'il est chargé de l'entretien des voies de communication entre Rome et ses provinces, le jeune curateur n'hésite pas à payer (avec l'argent emprunté) les propriétaires terriens de chaque partie des routes pour qu'ils les entretiennent à la place des agents fonctionnaires surchargés de travail. Résultat : les propriétaires terriens gagnent de l'argent, les routes sont très bien entretenues, le commerce prospère, le Sénat reconnaît l'efficacité du travail et Jules César instaure une image personnelle très positive auprès de tous. Autre exemple, l'argent lui sert également à donner du travail à de nombreuses personnes. César impose un rythme de guerre très soutenu mais ses légionnaires lui sont très reconnaissants car ils sont bien payés. En somme, le patron reconnaît la valeur de leur travail. Plus que cela, Jules César est un exemple pour eux. Le grand chef n'a pas de privilège particulier au niveau des conditions de vie et se donne corps et âme dans les batailles. Les légionnaires voient concrètement que Jules César risque sa propre vie autant que la leur. De ce fait, les victoires permettent de renflouer petit à petit les caisses mais le grand guerrier reste lourdement endetté toute sa vie. En revanche, il arrive rapidement à ses fins et bénéficie d'une popularité exceptionnelle. Le jeune Romain est vu comme un chef militaire victorieux et généreux qui pense autant au peuple qu'à ses intérêts personnels. Jules César est si proche des gens qu'il partage le pain et le vin avec des personnes de la plèbe qui se sentent honorées de festoyer à ses côtés.

La cinquième étape se résume en deux verbes : rassembler ou tuer. Que cela soit dans de multiples complots avec ses compères politiques ou contre d'autres chefs de légions, César use de son art à rallier à lui ou à éliminer. Pour avancer vers son but ultime, César sait être un homme très pragmatique. Ainsi, César alterne les stratégies plus ou moins meurtrières en fonction des circonstances durant tout le long de son ascension au pouvoir. En effet, d'un côté, César plonge dans des combines parfois criminelles pour écarter d'éventuels concurrents dès que le besoin se fait sentir. Mais d'un autre côté, si ces meurtres échouent, l'irréprochable républicain réussit toujours à retourner la situation et à être dans l'équipe des pacifistes. Ainsi, Cicéron, Antonius, Catilina, etc., tous s'écartent naturellement du chemin de gloire de Jules César. Jules César prend place sans scrupules soit par la guerre et les meurtres soit par des techniques politiciennes. D'un autre côté, afin de ne pas semer de soupçons sur ses réelles ambitions autocratiques, il s'efforce de rassurer les politiques de Rome en ayant dans un premier temps des postes de « sage ». Il est nommé également pontife pour gérer les affaires religieuses. Pour un futur dictateur, cette étape n'est pas logique mais, justement, César se propose à ce poste pour parfaire son image de républicain attaché aux institutions démocratiques romaines. Comment ne pas croire à ses bonnes intentions républicaines ? Toujours dans ce même but, il se prononce régulièrement en faveur d'une amnistie pour les fauteurs de troubles comme Lucius Cinna et ses amis qui soutenaient le séparatiste Lepidus. César sait qu'une image de conciliateur et de miséricordieux ne peut que lui être bénéfique. Il fait même un éloge au pardon en argumentant sa position contre la peine de mort (ce qui est révolutionnaire à l'époque). Belle hypocrisie. Au-delà du choix de ses mots, César porte une extrême attention à son paraître. Car Jules César le sait bien : pour rassembler autour de soi, il faut « attirer » les autres par une communication bien rodée. Tenues, symboles de pouvoir, représentations… tout est orchestré pour diffuser une image d'homme moderne, élégant, beau et toujours au service du peuple.

En 66 av. J.-C., Jules César a plus de moyens financiers à sa disposition grâce à son nouveau poste d'édile et en profite pour satisfaire les envies primaires du peuple. Fêtes, cérémonies, commémorations, restaurations, spectacles, grands travaux, etc., Jules César dépense sans compter pour dorer son image de bienfaiteur du peuple et cela fonctionne à merveille. Le fin politique réussit à conquérir aussi bien le peuple de l'assemblée que le Sénat et les chefs militaires romains.

La sixième étape est de conforter sa place et d'attendre le bon moment pour clôturer le programme d'accès au pouvoir sacré. Mesurant les rapports de force des uns et des autres, César propose pour gérer la République un accord tacite qui partage les zones d'influence des trois hommes forts de l'époque : Pompée, Marc-Antoine et lui-même. Ainsi, il se range d'un côté ou de l'autre pour équilibrer les forces afin que ni l'un ni l'autre ne puisse prendre trop d'importance. Puis, dès qu'un de ses rivaux, Crassus, est battu et tué par les Parthes (peuple d'Orient) en 53 av. J.-C, César ne manque pas l'occasion d'affronter Pompée avec succès pour être le seul maître de Rome.

La logique de son ascension au pouvoir est inébranlable. Sa méthode est à la fois bien organisée, opportuniste et colorée de patience. Pourtant, à de nombreuses reprises, tout aurait pu basculer si Jules César n'avait pas su intensifier ses efforts au bon moment. Tous les éléments étaient réunis pour arriver au sommet mais c'est bien grâce à sa vertu de persévérance que ce grand homme de l'histoire nous enseigne comment arriver à nos rêves les plus impensables.

2. Atteindre ses buts par la régularité

Dans les années 70 av. J.-C., les trois hommes forts de Rome – Marc-Antoine, Pompée et Jules César – confortent leur pouvoir en s'associant à tour de rôle. Marc-Antoine et Pompée deviennent tous deux élus consuls et sept ans plus tard, Jules César se fait élire du titre de *pontifex maximus*. Ensuite, l'alliance privée conclue en 60 av. J.-C. entre les trois ambitieux mène Jules César une première fois au consulat. Quelque temps après, Jules César obtient le proconsulat en Gaule narbonnaise, cisalpine et Illyrie. Il entame aussitôt la bataille contre les peuples gaulois qui dure une dizaine d'années. Pendant cette période, le destin peut à chaque instant se renverser mais Jules César maintient coûte que coûte ses piliers fondamentaux pour faire basculer les événements toujours en sa faveur. La Guerre des Gaules est le meilleur exemple d'une confiante ténacité dans l'adversité.

En effet, face aux ententes qui se multiplient en Gaule, Jules César essaie maintes fois de diviser les Gaulois en jouant sur les privilèges que leurs chefs peuvent retirer d'une allégeance à Rome. Diviser pour mieux régner permet de réduire les chances d'accointances entre peuples gaulois. Pendant plusieurs années, cette tactique bien connue de tout bon stratège fonctionne jusqu'au jour où un présumé Vercingétorix arrive à convaincre des tribus entières de s'unir contre le futur empereur. À lui seul, le valeureux Gaulois, qui a servi dans la légion romaine, ose réaliser une union territoriale pour affronter l'ensemble des légions romaines. Ces alliances sont littéralement impensables à l'époque. Il n'y a pas de raison apparente d'un rapprochement entre les différents groupes de populations que composent la Gaule car il n'existe ni passé, ni langue, ni vision commune. Les Gaulois ont uniquement les mêmes croyances liées à la force de certains esprits mais cela est trop peu pour se rassembler et combattre ensemble. C'est sans compter sur le jeune Vercingétorix qui, se sentant trahi par les Romains, décuple une énergie pharaonique et fédère les Gaulois. La volonté de revanche du guerrier est si forte que le challenge de regrouper pour la première fois des peuples si hétérogènes le galvanise.

Le succès de la tactique des divisions prenant fin, Jules César persévère sur le plan militaire, quitte à perdre quelques territoires, pour mater ces rébellions qui lui font perdre du temps dans le développement de sa carrière. De ce fait, le chef romain consolide ses arrières et choisit la vieille technique du siège pour affamer les Gaulois qui se retranchent de ville en ville pour terminer à Alésia. De juillet à septembre 52 av. J.-C., les Gaulois, rangés derrière leur nouveau chef, se battent de manière héroïque mais succombent à la famine et aux attaques incessantes des légions romaines. Quelques semaines plus tard, la défaite est cuisante. Vercingétorix monte sur son cheval et dépose avec fierté ses armes aux pieds d'un Jules César totalement circonspect. Face à la bravoure insoupçonnée des guerriers gaulois, la constance militaire de Jules César a gagné.

Ce qui est vrai pour la stratégie militaire l'est également pour les hommes. Pour créer une armée si redoutée par l'ensemble de l'Europe et de l'Asie, Jules César a fait de l'entraînement physique, tactique et mental un axe de formation continue à part entière. Pour cela, Jules César consolide l'estime et la confiance de ses hommes en les valorisant en permanence et en leur donnant les moyens de se surpasser tous les jours. Par exemple, les énormes butins pillés par ses victoires sont plus largement distribués aux soldats que dans les autres légions. De même, Jules César a beau être un véritable hypocrite caressant le peuple et les politiques dans le sens du poil, en revanche, il n'a pas de mots assez francs pour exprimer sa profonde reconnaissance envers ses soldats. Son management par la confiance explique en grande partie le dévouement total de ses hommes envers lui. Le résultat est un incroyable esprit de corps de son armée associé à un engagement sans commune mesure. Comme dans toute équipe, la performance collective de son armée passe par une relation de réel respect entre les soldats, la hiérarchie et le chef. Cette fidélité absolue n'est pas le fruit de quelques discours tonitruants du tribun mais d'actes du quotidien teintés de respect et d'humilité. Suétone, un biographe antique, écrit à son sujet : « Dans les marches, il précédait son armée, quelquefois à cheval, mais le plus souvent à pied, et la tête toujours nue, malgré le soleil ou la pluie. Il franchissait les plus longues distances avec une incroyable célérité, sans apprêt, dans une voiture de louage. Si les fleuves les arrêtaient, il passait à la nage sur des outres gonflées et il lui arrivait souvent de devancer ses coursiers. »

La relation d'extrême confiance entre Jules César et ses hommes rentre en cohérence avec l'exigence de Jules César envers lui-même. Pour lui aussi, il veut le meilleur et sait que cela s'obtient uniquement par l'exercice de la volonté et de la bravoure. Par exemple, jusqu'à son assassinat à 66 ans, Jules César reste un homme très en forme physiquement. Il s'entraîne âprement avec une grande ascèse, ce qui lui vaut de son vivant une réputation de guerrier ultra résistant. Son exemplarité se révèle dans sa salubrité. Plutarque décrit cette obsession de l'exigence en ces termes : « César s'exposait volontiers à tous les périls et il ne se refusait à aucun des travaux de la guerre [...]. Mais les soldats étaient surpris de sa patience dans des travaux qu'ils trouvaient supérieurs à ses forces. Car il avait la peau blanche et délicate, était frêle de corps, et sujet à des maux de tête et à des attaques d'épilepsie, affection dont il avait senti, dit-on, les premiers symptômes à Cordoue. »

César sait qu'une des clés de la réussite se trouve dans la constance et la régularité. L'auteur continue : « César cherchait dans les exercices de la guerre un remède à ses maladies : il les combattait par des marches forcées, par un régime frugal et par l'habitude de coucher en plein air. Il endurcissait son corps à toutes sortes de fatigues. Il prenait presque toujours son sommeil dans un chariot ou dans une litière pour faire servir son repos même à quelques fins utiles. »

Outre l'exercice physique, le célèbre Romain ne rechigne pas devant de très nombreux efforts pour dompter son esprit : méditation, jeûne, micro-siestes... Grâce à son obstination vraiment hors normes, Jules César éduque son corps et son esprit car il sait que l'assiduité individuelle est nécessaire à toute victoire collective. Plus encore, il se rend compte qu'une discipline de vie stricte mais adaptée à chacun rend heureux. Aujourd'hui, nous savons effectivement que « se prendre en main » en exerçant sa volonté nous permet d'éprouver des émotions plus positives et d'être, d'une manière générale, plus satisfait de sa vie (concept de l'*empowerment*). Par exemple, être capable de retarder la satisfaction de certains de nos besoins nous fait atteindre un sentiment de maîtrise de soi et donc une plus grande dignité personnelle.

La répétition des actions du quotidien nous permet d'intégrer la capacité de construire des réflexes dans la durée. C'est un des éléments centraux de l'efficacité d'une armée et Jules César le sait pertinemment. Ainsi, ce dernier prend l'habitude de ne rien dire à ses hommes sur le nombre de kilomètres à effectuer, l'heure exacte des batailles, les temps de repos, le nombre de guerriers en face, etc. Tout doit être organisé pour que le légionnaire soit sur le qui-vive, prêt à se battre. Il sait que la guerre se gagne avant tout dans la préparation. Rien n'est improvisé. Même s'il aime dire avant les batailles, « Le sort en est jeté », tout est préparé, planifié et ordonné pour la victoire. Et le grand chef n'a de cesse de le répéter à ses légionnaires. Par exemple, durant les mutineries de l'année 49, il n'hésite pas à les remotiver en leur expliquant la nécessité de persévérer dans la vie : « Vous reconnaîtrez la vérité de mes paroles si vous ne regardez pas comme utile ce qui profite dans le moment plutôt que ce qui procure des avantages permanents. » Tel un grand philosophe stoïcien, le Romain exprime avec une certaine hauteur l'utilité de la vision à long terme et de la fidélité pour en cueillir les bienfaits. Le résultat est une discipline exceptionnelle des légions qui entraîne une efficacité d'exécution sans précédent dans l'histoire militaire. Les chefs gaulois et ses rivaux romains, comme Pompée, en ont fait les frais (face à Jules César, son rival perd en un temps record des milliers d'hommes en Espagne puis voit son armée se faire anéantir en 48 av. J.-C., lors de la bataille de Pharsale).

De la même manière, la constance de l'empereur se révèle dans sa stratégie publique. Jules César excelle dans les fausses ambitions autocratiques en se faisant passer pour un républicain respectueux des institutions démocratiques romaines. Bien qu'étant en Gaule, Jules César surveille de près, grâce à ses amis et à ses correspondants, la vie politique à Rome. Pour cela, il place son protégé Publius Clodius qui lui remonte les dernières informations, surtout celles qui sont liées aux ambitions de ses deux rivaux politico-militaires (Marc-Antoine et Pompée). De même pour Cicéron qui, sur le plan politique, est le plus dangereux concurrent de César (car ce dernier est un homme de réseau qui manie le verbe avec enthousiasme et logique, c'est un orateur très redouté de ses ennemis politiques). César prend le parti de défendre les plus pauvres de Rome mais il sait que les voix des plus instruits sont plus difficiles à capter. Il demande donc à son homme de confiance de distiller de fausses informations sur ses véritables intentions. De plus, en fin propagandiste, le chef de la Gaule occupée distille à un maximum de Romains ses écrits de victoires. Dans ses *Commentaires de la guerre des Gaules*, il raconte avec talent ses prouesses (mensongères) contre les Gaulois, peuple qu'il faut « éduquer ». Jouant comme toujours sur le devoir civilisateur de Rome et l'orgueil du peuple, César réussit à augmenter sa popularité à distance. Conséquence : les sénateurs proposent vingt jours de supplications aux dieux en signe de gratitude pour les exploits de Jules César !

Sa tactique principale est de passer pour un unificateur en toute occasion, voire un sauveur de République. Force est de constater que sa technique de manipulation marche sans limite. Il se fait nommer plus de quatre fois dictateur pour « mettre de l'ordre » dans la République et ne pas laisser la guerre civile s'installer. À l'époque, la République elle-même peut remettre les pleins pouvoirs à un seul homme pour une période déterminée (environ 6 mois) afin de résoudre une crise politique et/ou civile et/ou militaire. Ce principe républicain de magistrature temporaire est très efficace pour passer les périodes de chaos et permet à la civilisation romaine de traverser les siècles en se réinventant avec vigueur. Dans cet esprit, le Sénat fait appel à Jules César car lui seul représente l'impartialité et détient la force militaire pour préserver l'unité territoriale et politique de la République. Pour ne pas inquiéter les démocrates, il redonne à chaque fois le pouvoir à échéance (sauf pour la dernière car il s'est fait élire « dictateur à vie »). Un tel chef-serviteur, respectueux de la démocratie, est très précieux pour le Sénat. Jamais considéré comme un bon cheval par ses contemporains, personne ne se doute de ses intentions. En réalité, si nous prêtons attention à certains détails de sa vie, ses actes cachent un degré d'ambition et d'autorité extrêmement élevé. En effet, sa capacité à « retourner sa veste » témoigne d'une volonté opportuniste sans limite. Peu importent les conséquences, Jules César peut repartir à zéro et tout reconstruire avec aisance et rapidité si cela lui permet d'arriver à ses buts ultimes…

3. Tout changer pour mieux repartir

Il est coutume de dire que les animaux ont une personnalité qui ressemble à celle de leur maître. En ce qui concerne Jules César, cette analogie semble très perspicace car son cheval est tout simplement indomptable ! Il en va de même pour le caractère du chef romain. Impossible d'anticiper les décisions et actes de Jules César. Dès qu'il s'agit d'atteindre un objectif, il est totalement imprévisible.

Sa vie sentimentale en est l'exemple le plus caractéristique. Jules César n'a aucun scrupule à tout détruire et tout reconstruire s'il le juge nécessaire. Au tout début de sa carrière, sa mère lui suggère fortement d'épouser une certaine Aurelia pour être plus proche des plébéiens. En effet, cette jeune femme est la fille d'un ténébreux chevalier issu du peuple. Ainsi, en l'épousant, Jules César se fabrique une image d'homme du peuple au service des citoyens. Mais dès qu'une situation matrimoniale peut mieux servir son ascension au pouvoir, il n'hésite pas une seule seconde à se séparer de sa femme. Effectivement, quelques mois après son premier mariage, il se remarie en 84 av. J.-C. avec Cornelia, fille de Cinna, héritier des pouvoirs de Marius et un des hommes les plus puissants de Rome. Stratégie payante car, grâce à la protection de son beau-père, le futur empereur entre dans le collège des flamines de Jupiter, ce qui lui assure une immunité totale en cas de guerre civile. Cornelia meurt vers l'an 70 avant notre ère. Quelque temps plus tard, le grand séducteur se remarie avec Pompeia Sulla. Dix ans après, Jules César se marie une nouvelle fois avec Calpurnia, fille de L. Calpurnius Pison, qui allait lui succéder au consulat pour l'année 58 av. J.-C. Tout amour est utile pour garder son influence dans l'hémicycle. Enfin, vers la fin de sa vie, il concède une alliance stratégico-charnelle avec Cléopâtre pour sécuriser les importations de blé égyptien si cruciales à son armée et concentrer ses forces militaires sur d'autres contrées afin d'agrandir l'empire.

Ses volte-face affectivo-opportunistes ne concernent pas uniquement l'empereur mais aussi sa progéniture. Sa fille est fiancée avec Serilius Cepion, mais Pompée devient dans cette même période célibataire après une rupture. Une chance est à saisir. Ni une ni deux, Jules César oblige sa propre fille à rompre ses fiançailles et à épouser son ami-rival Pompée. Calculateur né, Jules César sait bien qu'il aura moins à craindre de cet homme à fort charisme s'il devient son gendre.

Jules César est capable de tout, notamment de la méthode de la « table rase ». C'est une capacité mentale extrêmement rare chez un homme car cela implique de rentrer « en rupture » avec ce qui a été bâti. Par exemple, il n'est pas si simple de recommencer à zéro une mission sur laquelle nous avons longuement travaillé… Il est effectivement très compliqué d'oser tout recommencer. L'inconnu fait peur, d'autant plus si nous sommes déjà engagés, car cela nous rassure. Dès que nous agissons dans un sens, notre engagement entraîne un renforcement de nos attitudes tant sur le plan comportemental que cognitif. La théorie de l'engagement permet de mieux comprendre ce phénomène. Par exemple, si nous prévoyons d'effectuer un trajet de 10 minutes en bus (l'équivalent de 15 minutes à pied) et que nous l'attendons 10 minutes à un arrêt, il y a fort à parier que la plupart d'entre nous continuera à attendre le passage du bus. En se disant dans son for intérieur « Je n'ai pas attendu pour rien donc je vais attendre un petit peu car il va sûrement passer bientôt », nous laissons le temps passer alors que le trajet à pied aurait été plus « rentable » en termes de temps après les premières minutes d'attente.

C'est avec ce bel équilibre mental que Jules César a pris des décisions radicales non seulement sur le plan affectif mais aussi militaire. En 74 av. J.-C. par exemple, le jeune étudiant n'hésite pas à quitter ses enseignements pour aider l'armée romaine face à Mithridate, roi du Pont, et ennemi de longue date de Rome. L'adversaire envahit la Bithynie qui était sous régence romaine par testament de son roi Nicomède. Jules César, ami (et petit ami ?) de ce roi, lève sur place une armée, chasse les officiers de Mithridate et restaure en un temps record l'autorité de Rome. Le jeune Romain n'a alors que 27 ans. Sans en référer à qui que ce soit, le futur empereur a mis de côté ses obligations d'élève pour gagner une guerre des plus stratégiques, car cette province d'Asie est sur la Route de la soie (nord-ouest de la Turquie). Dès que Jules César s'aperçoit que les éléments ne sont pas en sa faveur ou ne vont pas dans le « bon » sens, il réussit à se détacher des faits, du présent, des événements et de tout ce qu'il a pu construire afin d'aller vers un renouveau plus prometteur pour lui.

Un autre exemple est sa prise en otage qui intervient quelque temps après cette première grande victoire. Alors qu'il navigue près de la région de Bithynie, son bateau est arraisonné par des pirates qui le capturent. Il passe trente-huit jours avec eux mais les traite d'égal à égal, comme de simples soldats, voire le cas échéant avec du mépris. Les voix de ses geôliers portent trop fort ? Qu'à cela ne tienne, Jules César leur demande de se taire ! Les pirates ne sont pas intéressés par ses poésies ? Jules César les traite d'ignares et de barbares ! Le digne prisonnier joue même avec eux et s'entraîne physiquement tous les jours. Impressionnés par la gaîté et la très forte personnalité de leur prisonnier, les forbans laissent libre Jules César après avoir reçu une lourde rançon.

Plus étonnant encore, Jules César a réussi à se détacher de la dépendance de la guerre. De tout temps, les champs de bataille procurent aux soldats une dose d'adrénaline, malheureusement encore plus forte que celle du sexe. C'est ainsi la triste réalité, le sang appelle le sang. Le stress de la guerre (qui peut rapidement se transformer en traumatisme ou folie) donne une excitation mentale très abondante, à l'instar de certaines drogues. Les chefs guerriers sont donc en proie eux aussi au risque de multiplier les guerres pour assouvir leur « manque ». À l'époque romaine, l'être humain est aussi vulnérable qu'aujourd'hui et les chefs romains tombent dans l'enchaînement automatique des guerres. Exception faite de Jules César. Lui est connu pour épargner la vie de ses hommes. Il réussit à vaincre la dépendance à cette logique infernale, ce qui prouve que cet homme a des aptitudes de déconditionnement largement au-dessus de la moyenne pour son état. Sa personne est totalement « libre », sans attache, pour progresser toujours vers ses buts. À l'inverse, ses deux grands rivaux, Pompée et Marc-Antoine, n'ont de cesse de combattre, ce qui a d'ailleurs causé leur perte.

Pour mieux construire le futur, il est important de rechercher à développer la capacité de se détacher de ses dépendances qui nous rendent esclaves, de ses mauvaises habitudes, du passé qui nous pèse, des stéréotypes qui analysent la vie de manière simpliste, etc. Il en va de notre possibilité de rebondir et de nous adapter au monde qui évolue extrêmement vite. Par exemple, la plupart des métiers des décennies à venir n'existent pas encore aujourd'hui, il faut donc enterrer nos certitudes, voire nos connaissances passées pour réapprendre toujours de nouvelles manières de faire et de penser.

En 44 av. J.-C., César se fait nommer *Dictator Perpetuus*, c'est-à-dire dictateur à vie. L'autocratie césarienne prend des airs de monarchie absolue. Même s'il fait exprès de refuser par deux fois le diadème « au nom du peuple » proposé par Marc-Antoine, de nombreuses statues sont sculptées à son effigie. L'une d'entre elles, placée au Romulus Quirinus, porte l'inscription « au Dieu invaincu », référence à son idole Alexandre le Grand qui s'était proclamé du même nom. Durant ces années, le *Liberator,* comme les Romains aiment le surnommer, prend des mesures de plus en plus monarchistes et commet une erreur fatale. Souhaitant montrer un doux changement de régime, il fait couronner ses statues du bandeau royal, ce qui provoque une zizanie entre pro et anti-César. L'empereur s'emporte et prononce même des insultes envers le peuple romain. César est désormais à découvert et ne peut plus se retourner. Cette anecdote est caractéristique au plus haut point car, là aussi, Jules César fait preuve en réalité d'un esprit de renouveau. Le révolutionnaire a souhaité délibérément orienter Rome vers un régime plus autoritaire et délaisser les principes démocratiques. Outre sa dimension de visionnaire, Jules César nous montre sa capacité à rompre avec le passé et le présent pour préparer le futur de Rome. Pour lui, changer les institutions est une nécessité absolue car l'Empire est devenu trop vaste et complexe pour être dirigé par le système républicain. Selon lui, tirer Rome vers un mode de politique plus autocratique est la meilleure solution pour sauvegarder l'ensemble de sa zone d'influence. De plus, le territoire romain est sujet à la division en ces temps de troubles politiques et militaires et les menaces barbares commencent à apparaître à l'est et au nord de la République romaine. Avec ses propositions, Jules César anticipe le besoin de changement de gouvernance pour mieux asseoir la puissance des Romains à travers les prochains siècles. Rome est très puissante mais, pour perdurer et s'agrandir, le chef propose un renversement du système démocratique. D'ailleurs, quelques années plus tard, Octave, le futur Auguste, instaure un véritable empire et se fait couronner roi. Avec ce nouveau système monarchiste, Rome rayonne cinq cents ans de plus. Preuve que l'intuition de Jules César est radicale mais perspicace. Le grand chauve élancé est encore une fois capable de « renverser » la démocratie pour assurer la pérennité de son œuvre. Tel un grand visionnaire, le célèbre Romain a compris que pour durer, la République doit se muer.

Malheureusement, quelque temps après une polémique sur des statues publiques, le peuple commence à acclamer un autre homme fort qui est son protégé (Marcus Junius Brutus). Le jeune prodige est issu d'une famille très respectée par les Romains grâce à ses révoltes contre l'ancienne famille de monarques (les Tarquins). La fin est connue de tous : Jules César concentre encore plus le pouvoir entre ses mains. Le Sénat et les comices ne contrôlent plus véritablement les décisions du souverain. Lasses de ce pouvoir qui ressemble de plus en plus à une dictature, certains politiques complotent et l'assassinent le 15 mars 44 av. J.-C. Cette œuvre est le fait d'une conjuration menée par son fils adoptif, Marcus Junius Brutus, auquel il aurait dit en mourant « Toi aussi ? », preuve que Jules César savait transmettre son talent de rupture…

VI. Nelson Mandela, le plus grand des stratèges

(1918-2013)

« Cela semble toujours impossible, jusqu'à ce qu'on le fasse. »

Cette citation résume à elle seule la force de conviction de Nelson Mandela. L'égalité des races semblait impossible jusqu'à ce que cet homme la défende et l'instaure comme fer de lance de l'identité sud-africaine. Mais pourquoi cet avocat s'est-il battu avec autant d'abnégation ? Avec quels moyens ? Et pourquoi s'est-il ainsi offert en sacrifice pour cette cause ?

Né le 18 juillet 1918 à Mvezo, dans un petit village de la province d'Umtata, en Afrique du Sud, au bord de la rivière Mbashe, Mandela étudie le droit et commence très tôt à se politiser. En 1943, il donne une connotation politique à ses actions en rejoignant le Congrès national africain (ANC) en faveur d'une société plus juste et sans discriminations entre les personnes. Quelques années après, en 1951, il crée le premier cabinet d'avocats de couleur et prend la défense des Sud-Africains de souche qui sont victimes de racisme en tout genre.

Évaluant le peu d'efficacité de ses actions, il crée en 1961 la branche armée de l'ANC : le Umkhonto we Sizwe (MK). La vision du mouvement est de monter, en fonction des avancées sociales et sociétales, des actions de plus en plus violentes pour faire avancer le combat contre les lois racistes.

De retour d'un voyage à l'étranger pour recueillir des soutiens humains, financiers et matériels, il est arrêté par la police sud-africaine le 5 août 1962. Après de plus amples recherches, les autorités s'aperçoivent de ses plans de lutte armée. La condamnation est catégorique : prison à perpétuité.

Trois décennies plus tard, la mentalité des autorités évolue et les pressions internationales permettent à Nelson Mandela de sortir de sa détention, le 11 février 1990. Ce jour se transforme en moment historique pour tout un pays. Après vingt-sept ans, six mois et six jours de privation de liberté, Mandela est d'un seul coup un véritable héros. Puis, en avril 1994, il est élu comme premier président noir d'un gouvernement d'union nationale qui acte définitivement la fin de l'apartheid. La construction d'une société de droits pour tous les citoyens sans distinction émerge.

De leur vivant, peu d'hommes ont reçu autant de paroles d'admiration des puissants de ce monde. Au-delà de leurs partis politiques et de leurs idéologies, tous reconnaissent en cet homme une forme d'intégrité unique et pure. Prenant du recul à chaque seconde de sa vie, notamment dans des situations extrêmement complexes, cet homme a fait l'histoire en vivant avec passion son désir de justice et de tolérance.

1. Développer un sang-froid à toute épreuve

Est-ce possible d'anticiper la destinée d'un être humain ? La vie de Nelson Mandela est telle que nous pourrions presque croire que le sens de sa vie était programmé depuis sa naissance. Pourtant, nul ne peut prétendre prédire l'avenir d'un homme qui reste, en grande partie, libre de ses actes. Tout le mérite de sa vie pleine de courage revient à ce grand Monsieur qui pourrait inspirer le monde jusqu'à l'éternité.

Depuis l'enfance, sa sensibilité le pousse à défendre la cause des Sud-Africains de couleur. Madiba, comme l'appellent les personnes de sa région, a toujours vu une ségrégation entre les Noirs et les Blancs dans son pays. Petit, il voit la richesse d'un côté et la pauvreté de l'autre. Des droits pour certains, des devoirs pour les autres. Des honneurs pour les puissants et des humiliations pour le peuple. Le petit garçon vit dans cette situation qui est le fruit de très nombreuses décennies de guerre pendant lesquelles les hommes de couleur se sont battus pour essayer de prendre une place plus juste dans la société. Suite à la répression des Blancs, ils perdent la guerre et se soumettent à cette réalité abjecte comme une norme de vie qui ne peut évoluer.

Dans ce contexte, la réaction de certains Sud-Africains de souche n'en est que plus admirable. Ces derniers ont eu le recul nécessaire pour demander petit à petit ce qui peut nous paraître aujourd'hui comme du simple respect. Nelson Mandela fait partie de ces hommes qui ont su dire NON dès le début de leur vie de jeune adulte. Mais son refus est singulier car il prend acte des inégalités de traitement entre les Blancs et les Noirs avec une certaine « attente opportune »...

Le grand homme comprend que les profonds changements se réalisent dans la durée mais basculent dans l'évidence de tous en quelques instants. Ainsi, les actions de son association (le Congrès national africain) contre le racisme ont pour mission de créer un terreau fertile aux évolutions sociétales. À elles seules, elles ne peuvent pas déclencher directement un changement de politique pour plus d'égalité entre les races mais elles favorisent une meilleure conscience pour un changement progressif des mentalités : celles des Sud-Africains de souche, qui ne doivent plus rester soumis, et celles des Blancs, qui ne doivent pas avoir peur d'une égalité des droits.

Ainsi, Mandela essaie dans un premier temps de rassembler ses forces en proposant des actions communes à l'ensemble des opprimés du pays. La première est une grande grève générale qui marque les esprits. Tel un homme qui a l'éternité devant soi, il comprend tout de suite la symbolique de cette manifestation. Imposer une société démocratique prendra du temps mais Mandela sait que le jeu d'échecs a bel et bien commencé. L'avocat prend de la distance dans le présent pour mieux appréhender les enjeux du futur, la marque du grand stratège est bien là.

Depuis les années 1940, alors que le monde s'enfonce dans une guerre abominable, le gouvernement sud-africain prend des mesures de plus en plus strictes vis-à-vis des personnes de couleur. Face à cette fermeté croissante, Nelson Mandela comprend que la crispation gagne le gouvernement d'année en année. Pour lui, un système politique qui « compile » des lois est signe d'un État en mauvaise santé. Parallèlement à ces mesures racistes qui s'accumulent, l'organisation de Nelson

Mandela a de plus en plus d'impact. De ce fait, le gouvernement s'apprête à interdire le mouvement mais le leader pressent le danger. Tel un grand visionnaire, Mandela met en perspective les actes du gouvernement raciste en place pour y apporter des réponses adéquates et proportionnées. Il propose à la direction de l'association un plan pour que les actions puissent être menées en toute clandestinité. Le groupe s'organise alors pour que les liens entre les personnes soient plus fluides et que le réseau puisse fonctionner dans n'importe quelles conditions. Quelques années plus tard, Mandela et ses amis se retrouvent en prison pendant près de trente ans mais l'organisation continue de fonctionner, le stratège avait vu juste.

De même, pour asseoir la crédibilité de l'association, Mandela a le recul et l'audace nécessaires pour essayer d'internationaliser le mouvement dès la fin des années 1950. À cette date, l'ANC n'est pas encore interdit et le premier procès de Nelson Mandela n'a pas commencé (il en sort totalement acquitté). Cependant, ces liens avec l'étranger permettent de faire connaître les injustices au monde et de s'allier avec d'autres réseaux pour récolter des fonds. Ces actions internationales sont très précieuses car elles permettent de convaincre petit à petit l'opinion mondiale du bien-fondé des revendications de son mouvement. L'image positive de Nelson Mandela et les pressions internationales sur le gouvernement sud-africain viennent directement de ce travail de fond. Ainsi, sa capacité à prendre de la distance avec les événements le caractérise à différents niveaux et lui sauve la vie plus d'une fois.

Par exemple, en 1953, l'ANC organise une mobilisation avec plus de 1 200 personnes pour manifester contre le déplacement d'une ville à majorité noire, Sophiatown (qui sous-entendait que les Africains de souche n'étaient que des résidents de passage). Le transfert de population représente environ 80 000 personnes. Alors que l'ambiance devient électrique, les policiers arrêtent quelques têtes locales du réseau et menacent d'utiliser leurs armes à feu. La foule s'énerve et hue les hommes de l'État. Sentant le vent de la panique et l'éventuel massacre venir, Nelson Mandela prend brusquement la parole et entame un chant partisan. L'intelligence de situation du leader permet de canaliser l'énergie de la foule et évite un conflit frontal avec les policiers. Sans la présence d'esprit du dirigeant de l'ANC, les morts se seraient comptés par centaines. Des dizaines d'autres exemples permettent de montrer que Nelson Mandela garde vraiment son sang-froid à toute épreuve. Mais comment peut-il garder sa lucidité de manière aussi pragmatique ? Il a certainement retenu la leçon de son père adoptif qui lui dit un jour : « Un chef est comme un berger. Il reste derrière son troupeau, il laisse le plus alerte partir en tête, et les autres suivent sans se rendre compte qu'ils ont tout le temps été dirigés par-derrière. »

Un autre exemple qui prouve la lucidité spectaculaire de Mandela se révèle en prison. Dans des conditions matérielles extrêmement précaires, il garde une clairvoyance qui l'aide à mieux vivre cette vie d'homme de cachot : « Dans la vie de tout prisonnier, la personne la plus importante n'est pas le ministre de la Justice, ni le commissaire des prisons, ni même le directeur de l'établissement, mais le gardien de sa section. [...] J'ai toujours essayé d'être correct avec les gardiens de ma section, l'hostilité était destructrice. »

Alors qu'en situation extrême, penser rationnellement devient de plus en plus difficile, le prisonnier ne perd pas pied et regarde la situation avec une grande lucidité. Comment expliquer une telle force ? Une des clés de compréhension peut se trouver dans sa capacité à garder une constance physiologique en pratiquant une heure de sport par jour. Même durant les premières années de détention, où les sorties dans la cour intérieure de la prison étaient très limitées, Nelson Mandela a su garder un rythme sportif drastique en entraînant par la même occasion ses codétenus. De nos jours, l'impact positif de l'exercice physique sur la santé, notamment du cerveau, n'est plus à démontrer. En effet, une activité corporelle régulière favorise la circulation sanguine, permet d'oxygéner son organisme, consolide son cœur et sécrète les hormones du bonheur (telles que la dopamine et l'adrénaline), éléments centraux pour garder un bon mental positif, surtout dans un contexte comme la prison…

Sa capacité à prendre de la distance peut s'expliquer également par ses qualités intrinsèques reçues et développées dès tout petit. Comme il le dit lui-même, il a hérité de son père, chrétien pratiquant, un entêtement excessif mais aussi un profond sens de la dignité humaine. Grâce à sa double culture (sud-africaine et anglaise), Nelson Mandela se forge une conviction solide et inébranlable : la dignité est liée à la liberté. Ces deux valeurs se répondent et s'entremêlent, l'une ne peut vivre sans l'autre.

Sa capacité de recul sur la vie n'a pas uniquement été transmise par ses parents mais elle a aussi été intégrée par l'intermédiaire d'épreuves qu'il a surmontées très tôt. Confronté à la mort de son père durant son enfance, Mandela a su rapidement relativiser les événements de la vie. Face aux injustices subies par les Noirs sud-africains, il réussit à réfléchir sur le « long terme ». Grâce à cette douloureuse expérience, Nelson Mandela arrive à s'extraire du réel et du conditionnement mental qui lui est imposé. Il garde ainsi une objectivité et une lucidité indispensables pour concevoir sa vision et la mener dans le temps. Cette force de personnalité est impressionnante pour ses collaborateurs, qui ressentent une autorité naturelle dès qu'il entreprend une action.

De nos jours, le système d'apartheid est impensable mais lorsque les hommes vivent une situation d'injustice depuis leur plus tendre enfance, sans comparaison possible avec le reste du monde, ils intériorisent leur situation et peuvent plus facilement l'accepter. Ils ont moins conscience de l'anormalité de la situation puisqu'ils n'ont connu que cette réalité. Lorsqu'on est considéré comme un homme de seconde zone depuis sa naissance puis comme un sous-homme en prison, cela impacte forcément les capacités de discernement. Pour Nelson Mandela, ce n'est pas le cas, il prend recul sur la situation quoi qu'il arrive.

Une autre anecdote symbolise parfaitement sa capacité à relativiser les événements et les comportements des personnes.

Alors qu'il vient d'intégrer un cabinet d'avocats blancs pour un stage, les deux secrétaires (blanches) lui proposent du thé en précisant bien quelles sont les deux tasses anciennes et quelles sont les neuves (alors que le cabinet a – théoriquement – une réputation de défense des intérêts des Sud-Africains de souche). Sous-entendu : « Il existe des tasses pour les Blancs (les anciennes) et d'autres pour les Noirs (les nouvelles). » Qu'à cela ne tienne, l'autre stagiaire africain, Gaur, choisit ouvertement de boire dans l'une des deux anciennes tasses et propose à Mandela de faire de même pour montrer leur conviction. Voyant les secrétaires en état de choc et craignant également de vexer son futur ami Gaur, le jeune préfère ne pas en prendre du tout ! Preuve que dans les grandes comme dans les petites décisions, il garde un retrait suffisant avec une certaine hauteur de vue afin d'agir avec noblesse.

Mais comme tout talent doit se travailler, Nelson Mandela s'exerce à affiner ses prédispositions naturelles. Il ne répète que très rarement les mêmes erreurs car il se force de manière très volontaire à toujours prendre du recul. Sa capacité à « voir loin » est donc renforcée par sa mémoire qui est en perpétuel éveil, ce qui lui permet de capitaliser sur chaque événement de sa vie.

Le plus emblématique de cette capacité de recul sur le présent se révèle dans sa vision pour l'Afrique du Sud. Avant même sa sortie de prison en 1990, le prisonnier engage des négociations avec le président fraîchement élu (De Klerck). En effet, pour Nelson Mandela, deux sujets doivent être discutés en urgence afin d'amorcer une transition politique sans violence : la revendication de la règle démocratique de la majorité et les inquiétudes de l'Afrique du Sud blanche face à ces futurs changements. Cibler aussi efficacement les deux sujets de stratégie nationale prouve, une nouvelle fois, la capacité de recul de Nelson Mandela. Le futur président anticipe le désir de réparation des opprimés lié aux injustices qui ont duré des décennies. Alors que l'état de droit est un système politique de plus en plus partagé dans le monde, notamment les pays ex-communistes, Nelson Mandela comprend que la priorité est à la réconciliation nationale sans dommages et intérêts. En effet, la forte amertume des anciens humiliés (les Noirs) pourrait provoquer une nouvelle guerre civile.

Même la date de sortie de prison de Mandela est symptomatique de sa faculté à « dépassionner » les débats. Alors que le président De Klerck lui annonce en personne sa libération à peine 24 heures avant, il lui répond du tac au tac qu'il préfèrerait prendre un délai d'une semaine en prison pour préparer les prochains événements à l'air libre. Quel prisonnier aurait la présence d'esprit et l'audace de retarder sa sortie de prison parce qu'il ne se sent pas assez prêt pour sortir ? Le chef du gouvernement le prévient également qu'il va partir pour Johannesburg avec le gouvernement pour « présenter » sa libération à la presse. Avec une dignité sans équivalent, Nelson Mandela lui réplique : « Je vis au Cap (lieu de sa prison) depuis bientôt trente ans. Je reviendrai à Johannesburg mais quand je choisirai de le faire, pas quand le gouvernement le voudra. » Finalement, après une négociation incongrue, Nelson Mandela accepte d'être libre le lendemain de son entrevue avec le président mais sans florilèges ni privilèges. Quelle sérénité il a pour négocier avec tant de tranquillité ! Il faut être bien ancré dans sa chair et dans son esprit pour être aussi paisible et confiant. Cette anecdote est très emblématique de ce lumineux Monsieur dont la force d'âme se fortifie durant ces années de prison. Cette douloureuse période s'est finalement transformée en un retour sur soi qui l'a finalement transcendé. Durant ces trois décennies, il approfondit ce que signifie la vraie liberté. Le questionnement sur la vie lui apporte une liberté plus large et fertile mais aussi plus profonde et secrète. Par rayonnement, il fait comprendre au monde entier que la réelle liberté se trouve à l'intérieur de chacun et que personne ne peut la contraindre.

Ce désir de justice trouve son paroxysme non pas dans ses heures de militantisme mais en prison, seul face à lui et à la vie. La relation avec ses compagnons prisonniers et le soutien de l'extérieur lui permettent d'avoir quelques portes « d'aération », ces dialogues entre passionnés de la liberté lui ont permis d'externaliser ses opinions mais sa plus grande communication est avec lui-même uniquement. Dans les deux cas, Nelson Mandela se hisse à la pointe de lui-même et de ses talents pour essayer de trouver des solutions dans des conditions toujours très compliquées.

2. Prendre les bonnes décisions en situation complexe

Le système de l'apartheid pousse à une analyse primaire de la situation, avec d'un côté les gentils et de l'autre les méchants. Cependant, N. Mandela choisit de regarder la situation dans toute sa complexité. Toujours libre de penser par lui-même, Mandela échappe aux stéréotypes de son temps.

Loin de la caricature de l'homme noir contre tous les Blancs, Mandela se fait aider à différents stades de sa vie par de nombreux Blancs qui partagent son combat. Les premiers sont ses propres parents adoptifs qui lui ont tout donné pour qu'il puisse réussir sa vie : amour, affection, éducation, scolarisation dans les meilleures écoles du pays, etc. À l'adolescence, lorsqu'il fugue de chez lui avec son frère pour aller faire sa vie sans l'autorité de son père, ce sont des familles blanches qui le nourrissent et le logent gracieusement. Puis, durant ses premières années en ville, beaucoup de ceux qui l'aident sont des amis blancs du réseau de l'Église protestante. En prison, le seul gardien qui l'aide est un Blanc. Si bien que Mandela sait pertinemment que le monde n'est pas divisé en un bien d'un côté et un mal de l'autre. Avec le recul, cette précision peut faire sourire mais dans le contexte historique, rares sont ceux qui arrivent à vivre au quotidien avec ouverture et tempérance.

Il subit une injustice de plus en plus grande de la part d'un gouvernement raciste mais remet cette situation dans son contexte historique, économique et social. Il sait que l'histoire de l'humanité se caractérise par des vagues migratoires qui provoquent des rencontres, parfois guerrières, entre différents peuples. Dans son pays, il comprend que le système de l'apartheid est de plus en plus motivé par la peur abyssale des

Blancs de perdre le contrôle des richesses du pays. Enfin, il explique ces situations d'injustice par la méconnaissance d'autrui qui entraîne la peur de la différence et le repli sur soi. De part et d'autre, il sait que les préjugés sont entretenus avec rage durant des siècles et qu'aucune réelle communication n'est orchestrée, d'un côté comme de l'autre.

Cet état d'esprit se concrétise dans les stratégies d'alliances que l'ANC noue avec d'autres mouvements dont le Congrès des démocrates (qui avait été constitué à la fin de 1952 en tant que parti pour les Blancs de la gauche anti-gouvernementale). En résumé, malgré un contexte où règne l'injustice, Mandela évite les débats simplistes et extrémistes se limitant à l'idée que « les Noirs sont contre les Blancs » (ou inversement) pour proposer une égalité des races en prenant en compte – sans amertume – l'histoire singulière et hétéroclite de son pays.

Face au fatalisme et à la répétition des événements de la vie, Mandela a réussi à changer d'univers de référence pour mieux comprendre le monde. Sur ce point, il prend exemple sur son père dès son enfance. En effet, ce dernier est « régent » d'une communauté chrétienne et dirige ainsi les réunions avec les chefs locaux pour créer un consensus dans la gestion de la région. Lors de ces rendez-vous, tous les participants doivent expliquer leur positionnement et avis. Puis, si un compromis n'émerge pas, le régent tranche. Le fait d'assister à ces discussions a probablement permis au jeune Nelson Mandela de voir les problèmes et les questions sous différents angles. Il comprend qu'en règle générale, les solutions fleurissent d'elles-mêmes bien que ces dernières proviennent de visions différentes. En effet, la prise en compte de l'ensemble des facettes d'un problème permet grâce au dialogue d'éviter le conflit et de faire émerger des compromis. Sa capacité à analyser à 360 degrés une problématique se développe durant ses études également. Mandela a le goût de la connaissance en différentes dimensions. Il étudie non seulement les matières juridiques pour être avocat mais aussi d'autres humanités, comme l'histoire, la géographie, l'anthropologie, l'anglais, les sciences politiques, l'administration traditionnelle… L'étendue et la complémentarité de ces disciplines lui permettent d'acquérir une vision beaucoup plus profonde et globale des sujets. Plus tard, il passera un temps considérable à lire des livres. Il passera même un examen à distance durant ses premières années de captivité ! Son appétit de savoir lui permet de s'interroger sur les questions humaines qui sont par définition complexes.

Cette soif de comprendre en profondeur les hommes le pousse à agir. Plus il a conscience de progresser sur le plan de la connaissance humaine, plus il sécrète une énergie motrice qui entraîne les autres avec lui. Cette dernière devient à son tour disponible pour alimenter son action politique qu'il entreprend dès le début des années 1940. En d'autres termes, sa principale source d'énergie, il la trouve en lui-même. Plus il a conscience de développer son « être », plus il libère de l'énergie dans ses actions.

Au-delà de cette forte volonté de toujours progresser sur le plan humain en tenant compte de sa complexité, Mandela reste centré sur son objectif : rendre justice dans un climat de paix. Tout le monde pense qu'il a une mémoire d'éléphant mais il est le premier à avouer qu'il travaille très dur pour atteindre ses buts. Par exemple, à l'école, il choisit son sport en fonction de ses chances de réussite ! Il sélectionne le cross-country, activité dans laquelle la répétition d'exercices est plus importante que la force physique. Plus tard, lors de son second procès, il adopte ce même style de stratégie pour gagner et se sentir progresser dans sa lutte : « Dès le début, nous avions clairement montré que nous voulions utiliser le procès non comme une application de la loi mais comme une tribune pour exprimer nos convictions. [...] Ce qui nous intéressait, ce n'était pas d'échapper à une condamnation (à mort) ni de l'atténuer, mais d'utiliser le procès pour renforcer la cause pour laquelle nous combattions – quel que soit le prix à payer. » Un chef de conviction reste un chef d'action, même devant la mort.

Malgré le fait d'être emprisonné, le leader parvient à convaincre ses codétenus et les codirigeants du mouvement (Walter et Govan) de ne pas faire appel, quelle que soit la sentence finale (même la mort). Pour lui, un appel affaiblirait leur position morale : « À la lumière de la ligne de témérité et de défi que nous avions suivie, faire appel aurait semblé contradictoire et même décevant. Nous voulions dire ainsi qu'aucun sacrifice n'était assez grand dans la lutte de libération. » En toute circonstance, Mandela prend en compte l'ensemble des aspects de la situation (humains, politiques, juridiques, etc.).

Autre exemple : quelques années après son arrivée en prison, un gardien qui a « un peu de pitié » pour les prisonniers jette la moitié de son sandwich dans l'herbe sous le nez de Nelson Mandela et de ses hommes affamés. La bouillie de maïs est la seule nourriture à laquelle ils ont droit mais personne ne bouge. Tout le monde attend l'accord du chef pour agir. La situation est complexe car tout le monde pourrait avoir l'autorisation de goûter à ce bout de bonheur, cela pourrait provoquer des bagarres. Par ailleurs, prendre cette nourriture peut remettre en cause leur dignité car ce sandwich a été jeté par terre comme à des animaux, mais ne pas le prendre humilierait le gardien qui essaie juste d'être aimable… Finalement, Mandela donne l'autorisation de le manger à celui qui est le plus près du mets. Par cet exemple, nous voyons bien la force de leadership de Mandela qui garde, en tout lieu, le sens du combat sous toutes ses formes.

Sa grande intelligence d'esprit se voit également dans les actions du mouvement. Au début de la lutte, le jeune militant organise des manifestations et des grèves afin de mobiliser et fédérer ses équipes locales. Puis, face aux lois de plus en plus racistes, il décide de mettre en place des actions plus virulentes mais sans violence. Il ne cesse de répéter à ses collaborateurs de l'association qu'il faut une réponse proportionnée aux actions du gouvernement car cela permet d'instaurer une crédibilité auprès de l'opinion publique. Les modes d'action sont aussi discutés régulièrement. Mandela ne déroge jamais à sa conviction d'unité nationale par des actions ouvertes à tous, contrairement à ses adversaires politiques qui jouent sur les divisions en marquant les différences de races, de religions, d'ethnies ou de couleur de peau.

Quelques années après ces événements, Mandela commet une erreur fatale et contraire à son œuvre de paix. Le 11 janvier 1962, le militant radicalisé quitte le pays pour faire une tournée africaine afin d'obtenir des soutiens financiers et matériels pour l'aile armée de l'ANC (créée en décembre 1961). Il suit à cette occasion un entraînement militaire. La mise en œuvre du nouveau plan d'action de l'ANC s'effectue en plusieurs étapes avec une intensité de violence progressive. Le premier stade est la méthode du sabotage : raids sélectifs contre des installations militaires, des centrales électriques, des lignes téléphoniques et des moyens de transport. Si cela ne produit pas les effets escomptés, le second palier prévu est la guérilla puis enfin le terrorisme. Grossière erreur de stratégie car le gouvernement n'attend que cela pour placer les dirigeants du mouvement en prison.

Effectivement, Nelson Mandela se fait arrêter lors de son retour à l'étranger et les éléments de preuve ne manquent pas pour démontrer sa dangerosité pour le pays. Lors de son procès, Nelson Mandela reste authentique et sincère dans ses propos et ne nie pas ses intentions d'actes terroristes. Ainsi, la sentence tombe quelques mois après : emprisonnement à perpétuité. Cet épisode prouve que ce grand Monsieur analyse les situations avec un grand recul et sous différentes formes mais qu'il est lui-même complexe à comprendre.

Après vingt-sept ans de prison, nous pourrions penser que la haine l'habite, mais c'est bien le pardon qui est sur son visage à sa sortie de prison. Ces années de cabane transforment l'homme de l'intérieur. Ainsi, la prison lui a fait comprendre que le pardon est une des clés les plus salvatrices de la vie. Au lieu de se laisser emporter par des sentiments de vengeance envers le gouvernement blanc, Nelson Mandela continue à prôner l'égalité des races avec une quiétude impressionnante. Le moment de vérité est arrivé. Le courageux militant n'a plus besoin de réfléchir à la forme que sa lutte doit prendre car le monde a enfin compris : la dignité humaine est pour tous ou elle n'est pas. De son côté aussi, il est parvenu à la sagesse.

L'homme de maturité se relance pour goûter chaque instant de la vie, comme il l'a toujours fait.

3. Vivre chaque seconde de la vie avec intensité

Nelson Mandela s'est engagé totalement dans sa mission de père de la nation avec un dévouement sans faille de ses vingt ans jusqu'à sa mort. En toute circonstance, le Sud-Africain vit chaque seconde de sa vie comme si c'était la dernière, ce qui représente une autre aptitude extraordinaire chez lui. Ce véritable roc détient cette capacité de vivre l'instant présent avec force et fédère ainsi les hommes autour de lui de manière naturelle.

Malgré les conditions de prison extrêmement dures, sa passion pour la justice et son désir de vivre restent intactes. Entre les souris et le pain sec, le bagne n'a pas eu raison de Nelson Mandela. Il reste bien un boulimique de la vie. À chaque moment, Nelson Mandela croque la vie à pleines dents sans songer au regard des autres, toujours confiant dans ses convictions.

Par exemple, pour lui, peu importe le nombre d'années de détention, son mouvement doit continuer à vivre. Sa présence dans le monde n'est pas forcément nécessaire pour que les nouveaux militants restent dans l'action. De ce fait, Mandela organise à distance la nouvelle hiérarchie pour réaliser les activités sur le terrain. Et malgré la détention des leaders, l'engagement général est croissant car le nombre de jeunes de l'ANC qui se font incarcérer augmente de mois en mois. Mandela ne perd pas l'occasion de transformer leur détention en chance et en profite pour faire connaître plus en détail l'organisation. Tous les jours, les jeunes apprennent les origines et les explications historiques de l'association pour mieux défendre et distiller la cause. Avec un sens managérial très fin, Nelson Mandela mobilise les anciens pour transmettre aux jeunes leur expérience et leurs réflexions. D'ailleurs, pour les membres de l'organisation, la prison (qui se situe sur une île nommée Robben Island) se dénomme « l'Université ». En effet, l'ensemble de l'organisation en prison est structuré sur le modèle d'une faculté anglaise classique : départements, disciplines, cours, programmes, professeurs. Ainsi, les détenus de l'ANC ont démontré que la vie, même en prison, peut être belle et rayonnante pour tous. Comme si, pour digérer les bassesses des hommes, il fallait s'élever par la beauté de la connaissance et de l'intelligence. Par cet exemple, Nelson Mandela prouve que nous pouvons mobiliser, quelles que soient les circonstances, une capacité intérieure pour vivre notre vie avec intensité dès lors qu'une vision nous anime vraiment. L'avocat goûte chaque seconde comme si c'était la dernière car il saisit le « miracle » de la vie. Il profite de tous les instants pour exprimer ses convictions avec une nécessité quasi vitale.

Cela se révèle également dans son expression. Il communique de manière très éloquente, avec un vrai désir de convaincre qui fait de lui un orateur d'exception. À chacune de ses plaidoiries, le jeune homme fait sensation. Avec beaucoup de charisme, il donne à son auditoire une présence non pas théâtrale mais authentique qui instaure un climat de responsabilité pour tous.

Après ses premiers discours en tant qu'avocat, il passe au discours de mobilisation politique. Toujours très engagé physiquement et mentalement sur une tribune, il arrive encore mieux à fédérer les hommes autour de lui avec de simples mots. Selon ses dires, il avoue même qu'il aime « exciter un public » et sait parfaitement manier les émotions pour que la foule s'auto-énergise. Plus tard, il s'en sert pour convaincre les chefs de partis étrangers de soutenir sa lutte.

Bien naturellement, il met également son art oratoire à son propre service pour se défendre lors de ses procès, notamment celui de « Rivonia » (qui se termine par la prison). D'ailleurs, les premiers mots de sa plaidoirie résonnent encore dans le cœur de tous les Sud-Africains :

« Nous, membres de l'ANC, nous avons toujours défendu une démocratie non raciale et nous avons toujours refusé toute action qui pouvait séparer les races plus qu'elles ne l'étaient déjà. Mais la dure réalité, c'est que cinquante années de non-violence n'ont rien apporté d'autre aux Africains qu'une législation plus répressive et de moins en moins de droits [...] ».

Loin des discours désincarnés, Nelson Mandela donne de la vie à ses mots et cela déconcerte totalement la partie adverse. Il ajoute :

« Nous les avons toujours convaincus d'éviter la violence et d'employer des moyens pacifistes [...] mais ils commençaient à perdre confiance en cette politique. [...]. Nous avions l'impression que le pays glissait vers une guerre civile dans laquelle s'affronteraient Blancs et Noirs. Nous considérions la situation avec angoisse. La guerre civile aurait signifié la destruction de ce que l'ANC défendait. [...] J'ai dit que nous ne voulions pas la guerre civile mais que nous devions nous y préparer. »

Capable de vivre chaque instant comme une éternité, Nelson Mandela est un homme extrêmement sincère et droit qui ne craint pas d'explorer ses limites malgré les risques. Il est « vrai » et donne un sens à sa vie à partir de ce qu'il vit et pas uniquement à partir d'idées intellectuelles non incarnées. Grâce à cela, il rentre dans l'action sans calcul et se consacre avec tout son être dans sa mission. Le bien-être qu'il en retire lui confère une forte énergie. Tel un drogué qui a besoin de sa dose régulière pour se sentir bien, Nelson Mandela ressent l'engagement comme une nécessité. Pour lui, défendre une cause est nécessaire. Sa dignité en dépend. Il vit de son destin autant que ce dernier le fait renaître. Il tire de son combat un réel sentiment de liberté et d'accomplissement qui le pousse à se conduire avec bravoure.

Ces autres paroles lors de son procès illustrent aussi parfaitement ce goût de liberté à tout prix : « Je dirais que la totalité de la vie de tout Africain qui pense dans ce pays est placée sous le signe d'un conflit entre sa conscience d'un côté et la loi de l'autre [...]. Ce conflit apparaît pour les hommes de conscience, pour les hommes qui pensent et qui ont des sentiments profonds dans chaque pays. Récemment, en Grande-Bretagne, le comte Russel [...] a été jugé et condamné [...] parce qu'il a suivi sa conscience en défiant la loi, pour protester contre la politique d'armes nucléaires. » Finalement, Nelson Mandela porte si bien son premier prénom, *Rolihlahla* (qui signifie « crée des problèmes » en langue courante, et « tirer la branche d'un arbre » en langue traditionnelle) !

Peu importent les conséquences éventuelles de ses actions, cet homme a une capacité – si rare aujourd'hui – de se concentrer profondément et longtemps sur un sujet. Par exemple, il est l'ardent défenseur (juridique) de nombreux particuliers face à la ségrégation raciale et en même temps il anime un réseau d'activistes. Seuls quelques hommes sont capables de changer d'action avec autant d'engagement. Même si ces deux activités concernent une même cause, comment est-il possible de se donner autant pour des missions si chronophages ?

Tel un comédien qui change de personnage dans une même scène, Mandela arrive à investir immédiatement et inconditionnellement ce que la vie lui présente. Voué sans limites à la défense de l'égalité des races, Mandela est totalement investi par sa mission de vie. Il est en permanence en tension et doit constamment faire face à des choix difficiles pour sauvegarder son équilibre personnel malgré les sollicitations politiques très énergivores. Mis à part le regret de n'avoir pas passé assez de temps avec sa famille, il a réellement choisi sa vie en toute conscience (même la prison).

« *Ndiwelimilambo enamagama* », dit-il, un brin philosophe. Dans le dialecte de son ethnie, cela se traduit par : « J'ai traversé de grands fleuves. » Au sens propre comme au sens figuré, ce dicton est bien vrai pour ce géant de sincérité. Très tôt, il a traversé le Mbashe et le Grand Kei pour aller à Healdtown, l'Orange et le Vaal pour aller à Johannesburg mais surtout, il a parcouru un long chemin pour arriver là : faim, méchanceté, prisons insalubres, échecs personnels, mauvaises décisions politiques, etc. Face à tous ces obstacles, Nelson Mandela a une recette miracle : appréhender l'immédiateté sans calcul ni projection. Il vit l'instant présent avec grand entrain en capitalisant sur le passé pour mieux préparer l'avenir. Dans ce domaine, la boxe est son meilleur apprentissage. S'il choisit ce sport, c'est bien grâce à cette attention de tous les instants que le ring exige. Sur le terrain, il faut tourner autour de son adversaire pour l'écouter, reconnaître ses forces et ses faiblesses. La rigueur des jeux de jambes et la manière de donner ou d'encaisser les coups ne pardonnent pas. En boxe, on apprend vite, sinon les douleurs poussent vite à l'abandon. Apprendre à ne pas répéter les mêmes fautes, s'engager totalement, focaliser son esprit sur un seul objectif, tout cela lui a permis d'assumer le combat politique avec une grande endurance. Admiré par le monde entier, Nelson Mandela reste un des plus grands visionnaires de l'histoire contemporaine. En effet, le génie de ce grand monsieur réside dans sa capacité à voir loin tout en s'impliquant pleinement dans le présent et en prenant en compte toute la complexité des événements.

VII. Gandhi, le manager révolutionnaire

(1869-1948)

« Le travail donne à l'homme sa dignité. »

Cette citation ne peut venir que d'un grand manager qui connaît en profondeur les êtres humains.

Gandhi, homme à l'autorité naturelle, est né le 2 octobre 1869 dans une grande famille avec de nombreux frères et sœurs (son père a quatre épouses). Il part dès ses dix-neuf ans à la découverte de l'Europe pour étudier le droit. Outre les connaissances juridiques, ses études lui permettent de nouer des liens fraternels avec de nombreux Anglais, ce qui marque à jamais son désir d'amitiés enrichies des différences religieuses ou culturelles. Par ailleurs, il découvre avec curiosité les grandes avancées scientifiques et techniques des Européens dont profite le monde entier. Au niveau personnel, le jeune hindou s'approprie de nouvelles manières de vivre comme le végétarisme et il creuse les liens corps-esprit d'un point de vue occidental.

Après un bref retour en Inde, il se sent appelé à aller défendre la cause de ses compatriotes en Afrique du Sud. Le jeune juriste met ses compétences au service des causes perdues face à un pouvoir colonial autoritaire et souvent raciste. Au fil des années, l'avocat Gandhi évalue les différentes méthodes pour établir une égalité des droits et les confronte avec ses propres valeurs. Le concept de la non-violence est finalement celui qui a le plus de mérite à ses yeux et il l'exporte en Inde vingt ans plus tard.

De retour dans son pays, le combattant de la paix se révèle petit à petit un meneur de foules qui reconnaissent en lui un homme d'apaisement qui ose cependant se rebeller face aux colons britanniques. Sa popularité grandissant, il commence à utiliser très régulièrement une arme qui touche les cœurs les plus durs : la grève de la faim. De luttes en luttes pour l'indépendance de l'Inde, son espérance porte du fruit et permet de gagner des victoires symboliques mais médiatiques au niveau mondial.

Emprisonné maintes fois par une justice injuste, le fakir indien ressort toujours plus fort mais se confronte avec difficulté aux tensions entre musulmans et hindous dans la dernière partie de sa vie et ne peut éviter la partition du pays.

Lâchement assassiné en 1948 par des extrémistes religieux, il est le leader historique de la non-violence qui associe trois dimensions fondamentales pour changer le destin de tout un peuple : commandement des hommes, prise en compte des réalités et audace révolutionnaire.

1. Commander de manière innée

Comment un homme à moitié nu, muni d'un petit bâton pour marcher, peut-il amener des millions de personnes à devenir des martyrs de la non-violence ? Rien ne prédestinait cet homme à être un exemple pour tout un peuple, voire pour le monde entier. Pourtant, Gandhi est incontestablement le leader le plus connu de tous les temps par son *soft power* et ses méthodes pacifistes de protestation.

Chéri par sa famille, Mohandas Karamchand Gandhi a pu aiguiser ses armes intellectuelles en Angleterre, ce qui lui a permis de mieux appréhender la complexité de son époque. En effet, les migrations de populations, la création des États-nations et les phénomènes de colonisation ont poussé des hommes extrêmement différents à coexister les uns à côté des autres souvent avec beaucoup d'ethnocentrisme. Entre l'enrichissement par les apports culturels réciproques et les dominations de toute sorte, la réalité est difficile à comprendre. L'Inde, comme de nombreuses régions du monde, est le théâtre de tensions liées à l'arrivée des Européens qui se rajoutent à celles déjà existantes des hindous et des musulmans.

La force du leadership de Gandhi commence donc par le discernement du « bon » enjeu de son époque. Grâce à son ouverture et à ses expériences dans le monde, Gandhi comprend petit à petit la mission qu'il poursuit et qu'il propose à son entourage : vivre dans la plus authentique harmonie avec soi-même et les autres. Mais l'identification de ce but n'est pas le fruit du hasard. Une longue et parfois douloureuse maturation est nécessaire à Gandhi pour atteindre ce qu'il cherche vraiment. D'autant plus s'il aspire à devenir un vrai chef d'opposition. En effet, un commandant se doit de fixer un cap clair, compris, accepté par tous et qui correspond à un besoin. Pour ensuite cibler la problématique d'une situation et y répondre avec réalisme et inspiration.

Le « mûrissement » de Gandhi débute lorsqu'il est étudiant en Angleterre et qu'il décide d'abandonner ses cours de musique et d'élocution pour avoir plus de temps pour réfléchir. Il s'y était inscrit pour bien maîtriser les codes vestimentaires, les comportements non verbaux et le choix des mots pour charmer son auditoire. Mais le jeune hindou perçoit aussi les limites de ces simples « apprentissages ». Au-delà des techniques d'expression, il comprend que sa vie sera digne que s'il bâtit une force intérieure, une forme d'obstination personnelle, fruit d'un combat intérieur, à vocation universelle. En d'autres termes, un dialogue avec lui-même qui sera, en temps voulu, partagé à l'humanité.

Quelques années après, il est confronté à la rancœur extrême de ses compatriotes indiens qui supportent des lois humiliantes en Afrique du Sud. Ses frères immigrés ne pensent qu'à se venger dans le sang. C'est à ce moment précis que Gandhi prend conscience de la précision de son objectif : « J'entrevis ma mission [...] en 1906, à savoir de diffuser la vérité et la non-violence parmi les hommes à la place de la violence et du mensonge dans tous les domaines de l'existence », déclara-t-il en 1942. C'est donc bien la conjonction du réel et de ses inspirations intellectuelles (provenant de philosophes comme Henry David Thoreau ou William James) qui l'a amené à définir ce but ultime. À l'époque, la manipulation des foules est efficace. Elle pousse à des rapports de force de plus en plus violents. Face à cela, Gandhi propose l'harmonie, le silence, le dialogue et le respect mutuel. Comment croire à l'efficacité de ces valeurs portées par un homme si introverti et si timide ?

Gandhi a son secret. Il incarne son rêve pour mieux le vivre et le partager avec le monde. Sa manière de réagir à ce défi est d'être soi-même le cap. Sa personne et l'idéal qu'il vit suffisent à entraîner tous ses frères hindous. Au niveau des moyens, Gandhi propose des actions concrètes et innovantes : ne pas tomber dans la violence mais proposer des actes de désobéissance civile pour réussir à se faire entendre tout en respectant autrui. Il appellera ce mode de vie *satyagraha* (traduit par « force de vérité » ou « force d'amour » ou « force d'âme », ces trois mots étant synonymes pour lui). Vers la moitié de sa vie, le sage prend encore plus pleinement conscience du but de son existence qui passe, selon lui, par un certain combat : « L'imagination trouvait aussi librement son compte et ouvrait des horizons sans fin de service » (le service étant la lutte à venir). D'ailleurs, l'explicitation de « ce vers quoi il va » est bénéfique autant pour ses amis que pour lui-même. Son entourage, dont sa femme qui le rejoint en Afrique du Sud, ne doute pas de la détermination de Gandhi mais n'avait jusque-là pas de vision claire et précise de ses intentions. Le fait de clarifier sa position permet à Gandhi d'être mieux compris et suivi. La profonde confiance en son projet rayonne et les personnes qui le côtoient ressentent de plus en plus une détermination qui les rassure. Son calme allié à sa ténacité apaise les foules. Le nouveau leader a une confiance envers les personnes qui dépasse celle qu'elles ont pour elles-mêmes, ce qui les rend plus fortes et audacieuses. Le mythe gandhien prend forme…

Au-delà de ses activités pour défendre les causes indiennes perdues, l'activiste initie des grèves interminables et s'autorise à parler à haute voix sans avoir peur de tout perdre. Sa stature de commandant se révèle petit à petit car il est le seul véritable auteur de ces actions et ne se cache derrière personne. À ce titre, son autorité naturelle commence à avoir une certaine réputation. C'est lui qui autorise telle ou telle action et donne des ordres à ses collaborateurs de manière très claire et précise. Après avoir ressenti l'enjeu du monde et affiné son cap, il commence à exercer son leadership avec une assise digne d'un homme de sacrifice.

C'est également par l'exemple que Gandhi réussit à obtenir une crédibilité auprès de ses concitoyens quand il propose de nombreux boycotts, grèves et marches. Il se positionne toujours en première ligne durant ces événements. Le pacifiste veut réellement vivre de ses valeurs liées à la solidarité et à la fraternité. C'est pourquoi il crée la « ferme de Tolstoï » où ses amis et lui vivent selon les principes bibliques (simplicité de vie, respect de la nature, bienveillance interpersonnelle…). Cette communauté est installée près de Johannesburg sur environ 4,5 km^2 et est dirigée par un fidèle ami de Gandhi, le Dr. Herman Kallenbach. Par l'exemple de cette vie communautaire, l'avocat démontre ainsi sa cohérence personnelle entre ses paroles et ses actes. Gandhi prend soin d'y séjourner très régulièrement, ce qui lui permet de se ressourcer mais aussi de montrer que la vie selon son *satyagraha* est source de joie et de paix. Une décennie plus tard, il récidive, mais chez lui cette fois, en Inde, et rassemble sur un même lieu une communauté similaire (« l'Ashram »).

Le manager Gandhi sait toucher la sensibilité des gens de manière simple, directe et vraie. Il réussit à s'adresser à tous de la même manière, quel que soit son interlocuteur, respectant scrupuleusement sa dignité. Selon lui, il existe une part de vérité universelle et unique en chacun d'entre nous. Elle peut se révéler par la capacité à prendre soin de son âme en la purifiant chaque jour. En restant maître de ses propres passions, il nous montre la preuve que nous pouvons sublimer les nôtres pour être réellement libres de nos choix sans subir nos dérives pulsionnelles ou émotionnelles. En exerçant chaque jour la pleine maîtrise de soi, le combattant de la paix s'autocrée une énergie incroyable. Gandhi instaure de ce fait un climat de quiétude partout où il est présent. Une confiance en soi et dans le monde est une des caractéristiques principales des plus grands chefs qui durent. La force tranquille de Gandhi lui permet de tirer les foules vers le haut.

Cependant, même si son charisme aplanit les tensions et fait rayonner sa paix intérieure, Gandhi est conscient de la difficulté de sa tâche. Le grand manager peine à instaurer le *satyagraha* en Inde (mot inventé par Gandhi qui signifie « poursuite de la vérité, persistance »). Un jour, il confie à un de ses confrères indépendantistes, Indulal Yagnik : « Je ne m'inquiète pas de mobiliser les masses. Cela se produira en temps utile. Mais je pense aussi que la foule qui me suivra finira peut-être par me rejeter en raison de ma stricte fidélité à mes principes. Je serai peut-être même chassé, et contraint d'aller mendier mon pain de porte en porte. » Commander, c'est donc avant tout comprendre les hommes et ce dont ils sont capables individuellement et collectivement en montrant un regard humain et authentique. Et cela ne rentre pas en contradiction avec d'éventuelles faiblesses ou doutes.

En effet, Gandhi n'est absolument pas un héros légendaire qui domine tout sur son passage. Durant de nombreuses périodes de son existence, cet homme subit de profondes solitudes et des interrogations intenses. Pour tenir debout de manière digne, il appelle régulièrement son Dieu comme dernier secours. Et cela fonctionne. La prière et la méditation lui donnent une force surhumaine qui lui permet d'avancer vers ses idéaux très élevés. « Je me trouve au milieu du monde à tâtonner à la recherche de la lumière parmi les ténèbres. Souvent je me trompe et je manque ma cible. Je ne fais confiance qu'à Dieu. Et je fais confiance aux hommes seulement parce que je fais confiance à Dieu. Si je ne pouvais m'appuyer sur Dieu, je haïrais, comme Timon, mes semblables », dit-il en déplorant les tensions entre communautés dans son pays. Gandhi se sait vulnérable et petit face à ses idéaux très élevés mais son humilité renforce sa force intérieure. L'acceptation de ses vulnérabilités le construit et le peuple s'attache à lui avec encore plus d'affection, ce qui renforce leur lien de confiance.

Son second pilier sont les femmes avec lesquelles il partage son quotidien. Manu, Prabhavati, Abha, Sushila et tant d'autres lui apportent un grand soutien, tant sur le plan matériel que psychologique. Mais son véritable soutien fut incontestablement sa femme Kasturba. Derrière chaque grand homme, il existe une grande femme dit-on. Pour Gandhi, c'est tout à fait vrai. Mieux que son ange gardien, sa femme est présente à tous les instants, même à distance. Au cours de sa vie, Gandhi comprend petit à petit combien il doit à sa chère et tendre. Effectivement, Kasturba est incontestablement le pilier de sa magnanimité. Époux dès l'adolescence, le couple connaît cependant une vie particulière. Leurs années de mariage sont rythmées par les passages en prison et les actes d'ascèse en tout genre de Gandhi mais le couple grandit mutuellement. Après la mort de sa femme, Gandhi le dira explicitement : « Vie après vie, si je devais me choisir une compagne, je ne choisirais que Ba [surnom de Kasturba]. » Leur fils Harilal n'en dira pas moins à son père : « Toute ta grandeur vient de Ba. » Conclusion directe et sans détour mais véridique !

Un autre aspect de la capacité à manager de Gandhi est le réflexe qu'il a de juger uniquement les actes mais jamais les personnes. Ce respect continu de la personne lui confère en retour une grande considération de la part des masses qui sentent un homme extrêmement bienveillant et humble. Sans la juger pour ce qu'elle est, Gandhi permet à toute personne de se rattraper, de revenir sur le bon chemin. Maintes fois, il a parlé avec des personnes peu estimables, maintes fois il a eu des retours de profond respect, voire d'admiration.

Tenir parole est aussi un élément fondamental dans la vie publique du Mahatma. Contrairement à de nombreux leaders qui cachent régulièrement la vérité au peuple pour ne dire que des paroles hypocrites et mensongères, Gandhi prête une grande attention à ses promesses. Il en fait même le reproche à ses alliés Bose, Subhas, Motilal et Jawarharlal qui débattent sur la pertinence, dès 1928, de revendiquer (ou pas) clairement l'indépendance de l'Inde : « Vous pouvez toujours invoquer l'indépendance autant que vous voulez, mais tous vos marmonnements se réduiront à une formule vide de sens si l'honneur n'en fait pas partie. Si vous n'êtes pas prêts à tenir parole, qu'en sera-t-il de l'indépendance ? » Gandhi sait à quel point la dignité de l'être humain impose d'être franc avec le peuple. Pour lui, parler d'indépendance trop tôt constitue un risque de décrédibiliser son mouvement patriotique (« le Congrès »).

Le sens du commandement chez Gandhi est si incrusté dans sa personne que beaucoup lui reprochent des comportements impérieux, notamment à la maison. Traité de tyrannique par sa femme et ses enfants, sa haute exigence provoque des crises familiales sans commune mesure. Nul n'est parfait mais Gandhi prend acte de ces reproches car le sage souhaite s'approcher toujours plus d'un état de pureté afin d'obéir à la loi divine de l'amour.

2. Respecter l'autorité pour mieux la dépasser

Nous avons tous tendance à nous projeter dans un futur idéal où nos désirs seraient réalisés au détail près. Pourtant, prendre en main une situation exige un regard réaliste et sans surinterprétation. Gandhi est un excellent exemple car il sait commander vers un but qui élève le monde en prenant en grande considération la réalité qui s'impose à lui. Le sage aime guider mais sait l'importance de bien « obéir au terrain » pour réaliser petit à petit ses grandes ambitions. Comme si Gandhi avait conscience qu'il faut forcément « respecter » la réalité du présent pour mieux la transformer dans le futur.

Inspiré par la vie de Jésus, Gandhi obéit aux Anglais – comme son « mentor », le Christ face aux gardes romains – tout en manifestant son désaccord de fond sur la vie non démocratique imposée par ces derniers avec la collaboration de certains hindous. Il s'exécute mais combat en même temps en reconnaissant tout de même tout ce que les Anglais ont donné à l'Inde et à lui-même. Le 11 octobre 1928, il déclare posément : « Je n'ai aucune honte à avoir si mes vues sur l'*ahimsa* (la non-violence) sont le résultat de mon éducation occidentale. Je n'ai jamais rejeté en bloc les idées occidentales, et je ne suis pas disposé non plus à stigmatiser tout ce qui vient de l'Occident comme étant foncièrement mauvais. » Cette déclaration n'empêche pas Gandhi de proposer des actions de rébellion non violentes, mais toujours en obéissant à la loi, souvent injuste, des politiques anglais. Son discours à Madras en 1915 est une illustration de cette nuance à trouver en permanence : « J'ai découvert que l'Empire britannique défendait certains idéaux dont je me suis entiché ; l'un d'eux veut que chaque sujet de l'Empire jouisse de la plus grande liberté possible pour déployer son honneur, son énergie, et tout ce que lui dicte sa conscience. [...] D'où ma loyauté à l'Empire britannique. » Quel habile mélange de docilité et de revendication ! L'avocat prend les Anglais à leur propre piège !

Gandhi joue durant toute sa vie un exercice d'équilibriste qui l'épuise moralement mais qui permet de montrer au monde une voie de sagesse toujours constructive pour tous, même dans des contextes de guerres atroces. Par exemple, quelques années auparavant, il passe de très longues heures en Afrique du Sud à tempérer les extrémistes d'un côté et les radicaux de l'autre. Ensuite, dès son retour en Inde, il mène le même combat mais toujours en prenant compte des dures réalités d'injustice entre les intouchables et les autres castes indiennes. Enfin, son combat pour l'égalité des hommes se termine alors qu'il essaie sans relâche de nouer des liens fraternels entre les hindous et les musulmans. Toujours sur la crête de la vérité, Gandhi n'a de cesse d'être le trait d'union entre les communautés.

De même, durant toute son existence, Gandhi n'a pas arrêté de dialoguer, respectant les positions hiérarchiques de ses adversaires. Ses nombreuses lettres au roi indien Raj (installé par les Anglais pour mieux régner sur l'Inde) ou aux dirigeants britanniques comme Churchill peuvent en témoigner. Gandhi se soumet à l'autorité avec dignité et instaure un dialogue de franchise avec tous ses interlocuteurs. Sa capacité à admettre sans rancœur des lois, situations et dominations injustes force l'admiration des grands dirigeants de la planète. Il écrit même à Hitler avec une grande courtoisie pour le persuader de moduler ses intentions de domination sur l'Europe. L'éducation de son cœur lui a permis d'aimer sans rancune le monde, les hommes et la vie qui se présentent à lui. Sa force de se soumettre en gardant sa dignité et ses convictions renforce son autorité naturelle qui devient, au fil des ans, imprégnée de divinité.

Avec la même servilité, il se soumet toute sa vie aux nombreuses condamnations à la prison. Sans aucune résistance violente ni désir de fuite, il accepte les sentences avec confiance. Sur le fond comme sur la forme, il sait que l'injustice de ces verdicts tombera un jour dans l'océan de la vérité. Avant cela, la prison lui permet de dégager du temps pour écrire, lire et prier. Son emprisonnement met son intégrité sous les feux des projecteurs médiatiques et politiques, ce qui renforce la cause qu'il défend. Paradoxalement, le sacrifice de sa liberté affermit sa droiture aux yeux des citoyens indiens.

Le génie de Gandhi réside également dans sa capacité à trouver des formes créatives de résistance mais sans révolte apparente. L'idée émerge dès son retour d'Afrique du Sud. Gandhi comprend que l'économie indienne passe d'une production locale pour les besoins nationaux à un système productif tourné vers l'exportation (essentiellement vers l'Angleterre). Ainsi, les échanges commerciaux intra-Empire augmentent au détriment de la souveraineté indienne qui est de plus en plus dépendante des produits importés d'Angleterre. Le stratège de la non-violence propose donc à des centaines de milliers d'Indiens de ne plus acheter de vêtements anglais mais de fabriquer eux-mêmes leurs tuniques avec de la matière première locale. Tout en respectant un système colonial inégalitaire, Gandhi trouve donc le moyen de protester et d'amoindrir la dépendance économique des Indiens envers les Anglais. Bien naturellement, ce grand mouvement de protestation national n'a pas pesé bien lourd sur le plan économique mais il a permis un déclic psychologique pour tous les Indiens. Par une activité simple et bon marché, les Indiens ont fait corps et ont ressenti une force collective digne d'un peuple qui se révolte pour la liberté. Ainsi, si l'indépendance vestimentaire est possible, pourquoi ne pas essayer une indépendance totale ? Grâce à l'ingéniosité de

Gandhi, l'Inde se lève tout en respectant scrupuleusement la loi. La quenouille (l'instrument principal du tissage) devient petit à petit le symbole national de résistance pacifique, ce qui unifie le peuple.

En réalité, cette activité n'est pas uniquement symbolique mais prophétique. Avec ces gestes ancestraux, Gandhi prend également soin de la santé mentale et spirituelle de ses compatriotes. En fait, le tissage fait à l'aide de la quenouille est propice au repos du cerveau. C'est un travail répétitif de précision qui permet au cerveau de s'aérer (comme la lecture, la méditation, l'écriture, le sport, etc.). Selon « coach Gandhi », le filage au rouet est même plus bénéfique encore que la prière ! Dans une lettre adressée à son ami Ajmal Khan, intérimaire du Congrès, il raconte que son esprit divague parfois lorsqu'il lit les saintes Écritures (Bible, Coran, Gita ou Ramayana…), mais pas une seule pensée impure ne traverse son esprit durant les quatre heures de filage.

Sa capacité à se soumettre à la réalité pour mieux la sublimer se révèle face à certains Indiens également. Beaucoup de ses concitoyens revendiquent la suprématie des races et des ethnies *via* un système de castes bien codifié. Cette idéologie est incompréhensible pour l'humaniste Gandhi. De ce fait, il essaie par tous les moyens de démontrer la beauté des concepts occidentaux des « droits de l'Homme ». Pour lui, les hommes naissent libres et égaux et il doit se battre tous les jours pour défendre cette conception de la vie. Cette vision universelle de l'homme lui paraît évidente mais elle n'est que trop peu acceptée par les élites indiennes. De même, Gandhi se confronte aux masses de castes « supérieures » qui n'ont aucun intérêt à changer ce mécanisme. Qu'à cela ne tienne, Gandhi acceptera toute sa vie d'être en léger décalage avec de nombreux Indiens sur cette question. Cela n'entrave en rien sa volonté de faire bouger les événements vers plus de tolérance, de respect et d'harmonie entre tous.

Face aux musulmans, Gandhi montre une même résilience. Il se rend compte que son allié Ali Jinnah – leader incontesté des musulmans – a tendance à défendre exclusivement la cause des musulmans sans se soucier de l'unité de tous les Indiens. Il sent la volonté cachée des séparatistes musulmans mais met tout en œuvre pour contrer ces velléités vicieuses. L'homme de paix connaît également très bien l'histoire de son pays, cadencée par des guerres intempestives entre hindous et musulmans. Il se doute donc du risque de partition de l'Inde si les chefs musulmans ne jouent pas collectif dans la lutte contre les Anglais. Conscient de l'enjeu central de la bonne entente entre les différentes communautés religieuses, Gandhi n'a pas arrêté, surtout dans les deux dernières décennies de sa vie, d'apporter de la paix, du dialogue et de la tolérance entre tous les Indiens. Bien plus qu'une simple acceptation de ces tristes tensions meurtrières entre extrémistes religieux, Gandhi souhaite montrer une nation unie, où chaque citoyen s'enrichit des différences religieuses et ethniques de son voisin. Ces tensions dans ce domaine sont difficiles à dépasser mais Gandhi les voit comme de simples « contraintes » dans sa vision. Pour lui, cela ne constitue pas un obstacle infranchissable à la création d'une Inde libre et démocratique.

À la fin de la Seconde Guerre mondiale, Gandhi prouve encore son extraordinaire capacité à accepter la réalité telle qu'elle est en proposant, quoi qu'il advienne, toujours plus de tolérance et de paix. Des années d'efforts pour instaurer un dialogue sincère entre musulmans et hindous ne suffisent pas à éviter une partition de l'Inde. La guerre entre communautés religieuses est trop intense pour ne pas envisager une séparation des populations. Déplorant que « la guerre ne [connaisse] aucune autre loi que celle de la force », il se soumet à l'opinion populaire qui souhaite la partition pour éviter que le sang coule encore dans les rues. Avec courage mais le cœur meurtri, Gandhi voit la création du Pakistan comme une fatalité qui ne remet cependant pas en cause ses espérances d'un monde de paix, de tolérance et de respect.

L'esprit de devoir et d'obéissance de Gandhi se symbolise d'autant mieux lorsqu'il est face à son Dieu tout-puissant. Le Dieu de Gandhi n'a pas d'étiquette. Il est à la fois chrétien, hindou, musulman et athée ! Peu importe sa représentation,

Gandhi lui obéit au pied et à la lettre. Maintes fois, l'homme universel répète qu'il ne fait que répondre à un appel d'amour intérieur qui le guide. Même si la croix est souvent lourde à porter, il savoure la proximité spirituelle avec son Dieu jusqu'à vivre le martyr. Un jour, il dit à son amie Manu : « J'ai nettement l'impression de m'être rapproché de Dieu et de la Vérité. Cela m'a coûté un certain nombre de vieux amis, mais je ne regrette pas. Pour moi, c'est le signe que je me suis rapproché de Dieu. C'est la raison pour laquelle je peux écrire et parler franchement à tout le monde [...]. C'est le point d'orgue de tous mes efforts des soixante dernières années. » Comme il est écrit dans un de ses Évangiles préférés (Saint Luc, 14, 25-33) : « Le chrétien doit être prêt à tout lâcher pour suivre son Dieu. » En effet, Gandhi aura lâché prise jusqu'à ses idéaux d'Inde unie dans la diversité et ses projets pour sa propre vie...

Incontestablement, sa force de croire en un monde plus juste prend sa source dans sa foi si unique et universelle. Il l'entretient avec confiance tous les jours en méditant la parole des hommes qui l'inspirent, à l'instar de Jésus-Christ (la Bible est son livre de chevet). Cette obéissance à son Dieu lui donne des ailes pour oser être lui-même et lutter de manière héroïque pour la paix. En d'autres termes, plus le temps passe, plus Gandhi se purifie en allant vers toujours plus de simplicité de vie par l'intermédiaire de la pauvreté, de la chasteté et de l'harmonie avec les hommes et la nature. L'homme sait au plus profond de lui-même que sa purification lui donne des forces dans ce combat. Face au mal de la division, de la guerre et de la violence, il défend l'Amour de manière non violente car le Bien est pour lui toujours gagnant à terme.

3. Transgresser à bon escient

Très à l'écoute dans ses relations, Gandhi a l'habitude de prendre des décisions toujours en son âme et conscience avec la prière comme moyen de discernement. De ce fait, nous pourrions attendre de ce grand sage une docilité extrême, sans affirmation de soi. En réalité, Gandhi est un subversif. Non pas parce qu'à 14 ans il a volé de l'argent à son père pour acheter de la viande, ce qui était interdit par sa spiritualité, mais par des actions collectives et personnelles très audacieuses pour son époque. Jeûnes, grèves de la faim, boycotts, marches silencieuses… toutes ces actions sont d'une spectaculaire « insolence » dans un contexte de colonisation.

Gandhi vit à une période de l'histoire très discriminante où les couleurs de peau, les ethnies/castes et les religions comptent plus que tout. La réelle prouesse de Gandhi est de proposer toujours plus de compréhension entre les hommes dans un moment de l'histoire où les luttes armées surgissent de toute part. Dans ce contexte, la tentation humaine est grande de réagir par la violence. La domination britannique, le système de castes et le séparatisme islamiste poussent à des réactions primaires mais Gandhi ose proposer de la douceur, de la tolérance, du dialogue et du respect. Auprès de beaucoup en Inde et jusqu'aux hauts politiques occidentaux, il passe pour un vrai fou ! Effectivement, oser le *satyagraha* dans de pareilles circonstances peut paraître vraiment surhumain…

Comment garder son calme et sa tempérance face à tant d'injustices ? Mais plus Gandhi ose aller au plus profond de lui-même, plus il se sent aligné avec son âme et plus il dévoile au monde sa « folie » de la réconciliation nationale. Selon la culture indienne, Gandhi va petit à petit vers « la découverte de quelque chose qui a été oublié depuis longtemps, comme un enfant abandonné qui retrouverait sa mère depuis longtemps perdue ». Par sa façon d'être et ses actes doux envers autrui, Gandhi assume sa part de féminité. Pour un homme, à cette époque-ci, le risque d'être pris pour un illuminé bizarroïde est bien réel. Le dialogue, l'écoute, la tendresse, ne sont pas forcément les comportements les plus en vue pour un homme du début du xxe siècle. Pourtant, Gandhi ose être lui-même, un homme rempli de joie, calme et doux. C'est certainement pour cela qu'il ressent le besoin de s'entourer de nombreuses femmes. Pour contrecarrer les violences médiatiques, politiques et parfois judiciaires, ses aides à domicile lui procurent sûrement la dose de douceur dont il a fondamentalement besoin.

Ainsi, avant que le monde ne comprenne l'intelligence de son amour, Gandhi se fait moquer et insulter à tous les niveaux. Churchill lui-même le traitera de « fakir séditieux qui grimpe à moitié nu les marches du palais du vice-roi ». Pourtant, le peuple ne s'y trompe pas, c'est le « petit » Gandhi qui tient tête durant près de quarante ans à l'Empire britannique et aux extrémistes de son propre pays. Grâce à une constance inégalable dans sa stratégie de non-violence, Gandhi est le principal acteur de l'indépendance de l'Inde. L'anecdote la plus emblématique de sa « folie » est incontestablement la Marche du sel du 12 mars 1930…

À la fin des années 1920, l'État indien monopolise la distribution du sel et oblige tous les Indiens à payer un impôt sur le sel ; surtout, il leur interdit d'en récolter eux-mêmes. Des barrières anti-sauniers sont même construites par les Anglais pour empêcher une activité jugée illicite. À cette époque, le sel est un condiment extrêmement important car c'est une des seules manières de conserver les aliments. L'enjeu social et économique est donc de taille. Pour manifester son désaccord, Gandhi quitte son ashram (village communautaire dans le nord-ouest du pays) accompagné de quelques dizaines d'amis et lance une longue marche dans un calme édifiant. Le groupe est rejoint petit à petit par de nombreux Indiens qui délaissent leur travail pour participer à cette lutte silencieuse. Le collectif prend de l'ampleur et ce sont maintenant des dizaines de milliers de personnes qui suivent l'homme à moitié nu adossé à son bâton. Après un parcours à pied de plus de 650 km, il arrive le 6 avril au bord de l'océan Indien et s'avance dans l'eau pour recueillir une poignée de sel. Toute la symbolique de l'histoire de Gandhi est là. Ce geste qui paraît si dérisoire, voire ridicule, forme le symbole le plus puissant de la lutte contre l'occupant. Par ce « vol », le Mahatma encourage ses compatriotes à oser manifester leur désaccord contre la domination anglaise. Le sel, représentation parfaite de la saveur dans les plats fades, fait écho à la force de ténacité des Indiens dans un pays qui peine à s'imaginer libre et autonome. Cette longue marche peut paraître comme le signe de la persévérance des Indiens contre les répressions du gouvernement pour arriver à un but bien défini :

l'indépendance. Le nombre de participants qui rejoignent la marche évoque l'image d'une force collective qui écrase tout sur son passage.

Sur le terrain, le résultat est sans appel : partout dans le pays, plusieurs milliers de sympathisants imitent Gandhi et recueillent de l'eau salée pour y récupérer le sel. En réponse, les Anglais jettent Gandhi et plus de 60 000 contrevenants en prison. Neuf mois après, le vice-roi reconnaît son impuissance et abroge cette loi. Il finit par libérer les prisonniers et leur chef puis accorde aux Indiens le droit de collecter eux-mêmes le sel. Gandhi a osé. Gandhi a gagné. « D'abord ils t'ignoreront, ensuite ils se moqueront de toi, puis ils te rejoindront », résume si modestement Gandhi après cette lutte historique.

Outre les nombreuses manifestations où il est en première ligne, comme durant le mouvement « Quit India » de 1942, l'autre méthode de protestation très audacieuse de Gandhi est la grève de la faim. Par cette méthode, il met en danger sa santé de très nombreuses fois mais remporte des succès populaires impressionnants. Celui de Calcutta restera à jamais gravé dans la mémoire de tous les Indiens. Fin 1947, la guerre civile entre les musulmans et les hindous fait rage dans la région centrale de l'Inde. Des dizaines de milliers de morts sont à déplorer de chaque côté. Plus personne ne croit en une possibilité de retour à la paix. Les Indiens endeuillés veulent venger leurs compatriotes décédés. L'escalade est sans fin. Voyant la situation prendre littéralement feu, le sage indien part pour Calcutta et déploie son arme fatale : le jeûne. Gandhi entame donc un chantage affectif qui stoppe en quelques jours la guerre. Ni les musulmans ni les hindous n'osent porter la mort de ce saint homme sur leur conscience. Un vrai miracle d'audace !

Au-delà des exemples de sa bravoure, Gandhi « flirte » avec le « défendu » à chaque instant de sa vie. Gandhi réfléchit, médite, discerne mais se joue des normes, lois, coutumes et autres règles. Quel autre personnage public oserait prononcer aussi ouvertement son hostilité aux mariages forcés ? se permettrait de critiquer le matérialisme et l'individualisme occidentaux avec autant de recul sur l'histoire ? se lancerait dans une spiritualité d'amour universelle qui rassemble toutes les religions monothéistes ? tenterait d'unir, grâce à de simples liens d'amitié avec les leaders, deux peuples (musulmans et hindous) qui se haïssent depuis des lustres ? Sa capacité à tester l'autorité et à prendre des risques est foncièrement liée à sa personnalité et plus précisément à sa « force d'âme ». Par sa justesse de propos, il désarçonne tous les grands politiques de ce monde. Sa plus forte transgression est bien celle-ci : penser et agir en homme libre. Par exemple, en osant prendre la parole durant l'entre-deux-guerres pour enseigner la sagesse à un Occident omnipotent. Discours qui reste une perle de prophétie :

« Il fut un temps où j'étais fier de me dire, et d'être appelé, sujet britannique. J'ai cessé depuis de nombreuses années de me dire sujet britannique : je préfèrerais de beaucoup être appelé rebelle que sujet. Mais j'aspirais, et j'aspire toujours, à être un citoyen non pas de l'Empire, mais d'un Commonwealth, d'un partenariat – si possible, et si Dieu le veut, un partenariat indissoluble – mais pas un partenariat imposé à une nation par une autre. »

Par tous ces mots, Gandhi prouve au monde ce qu'est le vrai courage de vie. Un mélange subtil entre l'acceptation de la réalité et l'audace de la transformer vers un « Bien » toujours en construction. Il continue :

« [...] deux nations ; l'une petite mais courageuse, dont la bravoure passée n'a peut-être aucun équivalent, une nation réputée pour avoir combattu l'esclavage, une nation qui s'est proclamée protectrice des faibles ; et l'autre, très ancienne, composée de millions d'hommes, possédant un glorieux et très ancien passé [...]. Imaginons que Dieu insuffle à la fois aux hindous et aux musulmans représentés ici la volonté suffisante pour qu'ils resserrent leurs rangs et parviennent à une entente honorable. »

Malheureusement, son courage sur terre prend fin par son assassinat le 30 janvier 1948 par Naturham Godse (un activiste de l'organisation nationaliste hindou Mahasabha). Lui qui a prôné toute sa vie les vertus du compromis, il se fait tuer lâchement. Mais Gandhi reste un grand révolutionnaire par ses méthodes et son autorité naturelle. Meneur d'hommes doté d'un charisme exceptionnel, il réussit un équilibre parfait entre l'audace et le respect d'une dure réalité. Au soir de sa vie, il dit un jour à son fils : « Que Dieu fasse rayonner tes talents. » Ce dernier aurait pu lui répondre : « Remercions Dieu d'avoir fait autant rayonner les tiens ! »

VIII. Napoléon, un modèle de leadership

(1769-1821)

« *On ne conduit le peuple qu'en lui montrant un avenir : un chef est un marchand d'espérance.* »

Napoléon est considéré comme un sanguinaire par certains et comme une fierté nationale française par d'autres. À lire sa biographie, toutes les critiques sont légitimes mais toutes s'accorderont à admettre que Napoléon est un leader exceptionnel. D'ailleurs, sa citation mise en exergue ci-dessus prouve son sens aigu à enrôler une foule, voire un peuple tout entier.

De son nom corse Napoléon Buonaparte, le premier empereur des Français est élevé dans deux cultures, génoise et française. Il commence sa carrière dans l'armée en aidant les révolutionnaires à garder le pouvoir puis est propulsé à la tête de l'armée d'Italie. Il y gagne ses premiers grands succès militaires contre les Autrichiens. Puis, profitant des remous d'après-Révolution, il se lance en politique et devient Premier consul. Après quelques batailles gagnées, il agrandit le territoire français et instaure une paix tant à l'intérieur qu'en dehors de la France.

Durant cette période de calme, Napoléon réforme la France en profondeur avec un esprit visionnaire : fonctionnement de l'administration, rédaction du Code civil, restructuration des armées, nouvelles règles économiques, système d'éducation…

Mais, alors qu'il s'apprête à combattre les Anglais sur leur territoire, les Russes et leurs alliés autrichiens attaquent les Français en 1805. Cependant, ils sont terrassés par le génie géostratégique de Napoléon. Puis, Napoléon continue à transcender ses hommes et accumule les succès face aux Russes qui limitent leurs pertes en demandant un pacte de non-agression (traité de Tilsit en 1807). Les Anglais sont désormais isolés et subissent un blocus maritime par l'ensemble de l'Europe napoléonienne.

Quelques années plus tard, Napoléon se fait prendre en ciseaux entre des rébellions espagnoles qui mobilisent une partie de son armée dans le sud de l'Europe et une nouvelle coalition aux frontières est de l'Empire. Après d'éprouvantes guerres près de Vienne, il gagne néanmoins une autorité militaire qui est désormais incontestée. Pour asseoir la domination française sur le long terme, il divorce de sa première femme Joséphine et épouse Marie-Louise d'Autriche, fille de l'empereur d'Autriche. De cette nouvelle union naît un garçon.

Suite à quelques tensions avec le tsar, Napoléon essaie d'envahir la Russie mais épuise rapidement son armée, d'autant plus que l'Autriche rejoint l'ennemi russe. Au sud, les Anglais s'allient avec les Espagnols et gagnent du terrain. En quelques mois, Napoléon est acculé dans son propre pays et doit abdiquer (congrès de Vienne en 1814).

Les vainqueurs imposent l'exil de Napoléon à l'île d'Elbe (située entre la Corse et l'Italie) mais il s'enfuit quelques mois seulement après son arrivée là-bas. Revenu en France, il reprend le pouvoir, mobilise 125 000 hommes et part combattre les Anglais en Belgique avant que la coalition européenne ne puisse regrouper toutes ses troupes. Les combats tournent en sa défaveur et l'empereur doit capituler une seconde fois dans son existence. Cette fois, les Anglais l'envoient en plein milieu de l'Atlantique, sur l'île de Sainte-Hélène. L'empereur meurt seul, loin de son peuple mais il reste un des seuls dirigeants dans l'Histoire à avoir autant fédéré les Français tout en se reposant exclusivement sur quelques hommes clés pour les contrôler.

1. Entraîner et motiver les hommes

Comment fédérer tout un pays autour de soi ? Comment rallier ses adversaires à sa cause ? Comment s'entourer des meilleurs pour arriver au plus haut ? Comment créer sa propre légende ? Autant de questions quasi insolubles pour toute personne qui se confronte au leadership. Pourtant, un homme, Napoléon Bonaparte, a réussi tout cela à la perfection. Son génie tient à beaucoup d'éléments mais sa capacité à lever des foules reste son plus grand charisme…

À la fin du XVIIIe siècle, les privilèges liés à la naissance sont encore très nombreux. La société post-Révolution ne propose que l'armée ou le commerce pour se construire une carrière digne de ce nom. La famille Bonaparte choisit pour Napoléon la première option. Il est donc envoyé à l'école militaire de Brienne (dans l'est de la France), puis à l'Académie militaire de Paris (spécialité artillerie). À la suite de ses études, il gravit petit à petit les échelons jusqu'à un événement qui lui permet de mettre soudainement son charisme en avant.

Au début des années 1790, les révolutionnaires prennent le pouvoir politique mais la guerre civile sévit encore dans les rues. Persécutions chrétiennes, famines, pillages et autres insécurités sont effectivement le quotidien des Français. Les promesses révolutionnaires d'un monde meilleur se transforment en journées de malheur. Assoiffés de justice, beaucoup sont prêts à mourir pour revenir à la royauté et retrouver un avenir plus juste pour leurs enfants. Les royalistes organisent une révolte, entraînant avec eux 25 000 personnes qui souffrent des tensions dans le pays. Le 5 octobre 1795, un groupe d'insurgés hétéroclites se réunit et menace le nouveau pouvoir en créant des troubles très importants. Les autorités révolutionnaires appellent quelques généraux dont Napoléon Bonaparte pour faire taire cette rébellion. Problème : Napoléon n'a que 5 000 hommes et quelques canons à sa disposition face à 30 000 insurgés. De plus, l'armée est complètement usée, démoralisée et d'une empreinte presque honteuse face au peuple qui n'a pas assez à manger. Les soldats sentent la guerre civile redémarrer et ne savent pas de quel côté il est plus juste de se positionner. Soutenir le peuple qui souffre ou maintenir l'ordre républicain avec violence ? Mais c'est sans compter sur la capacité de Napoléon à remotiver ses hommes pour qu'ils retrouvent un sens à leur action. En quelques heures seulement, la mobilisation des troupes est totale et Napoléon mate la rébellion dans le sang. En théorie, la révolte royaliste aurait dû durer beaucoup plus longtemps et provoquer des milliers de blessés dans l'armée. Comment Napoléon a-t-il pu prendre le dessus avec six fois moins d'hommes ?

En parlant de manière simple et directe, Napoléon Bonaparte transmet à ses hommes l'essentiel : l'énergie de la confiance.

Le général leur parle d'une manière si convaincante que chaque militaire se sent investi d'une mission exceptionnelle. L'authentique « cœur à cœur » entre Napoléon et ses hommes soulève de nouvelles capacités chez chacun de ses soldats. Ses hommes reçoivent une énergie extrêmement forte de la part de Napoléon qui trouve le sujet qui fait vibrer leur cœur. Le chef leur parle sans détour de l'idéal républicain qui est en danger. Selon lui, l'armée doit aider les Français en faisant respecter l'ordre. En d'autres termes, défendre la liberté à n'importe quel prix est un devoir pour sécuriser la République. En cherchant ce qu'il a de plus profond en lui, Napoléon réussit à mettre en mouvement ses hommes vers une conviction qu'il sait être la « bonne » pour lui. Son for intérieur lui indique le but de sa mission, ce qui lui permet d'exprimer clairement ses opinions. Ainsi, en sus du message clé à transmettre, Napoléon choisit des mots simples et profonds qui marquent les soldats. Au-delà du « devoir » de l'armée envers l'autorité républicaine, Napoléon exprime sa future reconnaissance pour le travail de ses soldats en insistant sur le principe du mérite (contre le système des privilèges). Ces derniers se sentent subitement « concernés » par le déroulement des événements et retrouvent leurs propres mots dans les paroles de Napoléon. En un temps record, ses hommes renouvellent leur fierté et affrontent les royalistes qui commencent, eux, à douter.

Sa capacité à mettre du sens dans les actions de ses hommes lui permet d'avoir un impact phénoménal sur eux. Ainsi, après l'épisode des royalistes dans les rues de Paris, les révolutionnaires lui confient l'armée d'Italie en déroute. Quelques mois après sa nomination, le jeune homme de vingt-six ans transforme ses troupes en machine à gagner. L'impact de son premier discours (réécrit à Sainte-Hélène) reste dans la mémoire nationale française : « Soldats, vous êtes nus, mal nourris ; le gouvernement vous doit beaucoup, il ne peut rien vous donner. Votre patience, le courage que vous montrez au milieu de ces rochers, sont admirables ; mais il ne vous procure aucune gloire ; aucun éclat ne rejaillit sur vous. Je veux vous conduire dans les plus fertiles plaines du monde. De riches provinces, de grandes villes seront en votre pouvoir ; vous y trouverez honneur, gloire et richesses. Soldats d'Italie, manqueriez-vous de courage ou de constance ? » L'armée française est en très mauvais état et personne ne parie sur une défense des frontières françaises, encore moins sur des victoires à la chaîne. De plus, le jeune général n'a jamais été commandant en chef d'une armée et son expérience de management est très faible. Pourtant, Napoléon fait saigner les Italiens jusqu'à conquérir des centaines de milliers de kilomètres carrés de territoire. En quelques mois, un temps record, Napoléon dynamise une armée entière qui commence à être redoutée dans toute l'Europe.

D'Italie à la Russie en passant par l'Autriche et la Prusse, le général transcende ses hommes et décuple leur élan guerrier. Le nouveau chef va chercher dans ses entrailles sa force vitale qui lui permet de communiquer avec facilité. Nous savons désormais que le ventre loge des millions de neurones qui interagissent avec ceux du cerveau. Notre intime vérité est donc en quelque sorte aussi viscérale. Mais encore faut-il ne pas avoir peur de la découvrir et de la partager au monde extérieur. Napoléon n'a pas de crainte à ce niveau-là et joue à merveille de son éloquence. De fait, son authenticité se transforme en autorité. Napoléon utilise ce don pour galvaniser ses hommes dans toutes ses campagnes. Marengo, Ulm, Trafalgar, Austerlitz, Iéna, Eylau, Friedland et Wagram… à chaque succès militaire, les soldats français sont comme dopés par les paroles de leur « petit caporal ». Napoléon embarque tous ses hommes dans un imaginaire où tout est possible. Seul devant eux, l'homme de terrain noue des ondes électriques qui boostent les énergies de tous.

Ses guerres au Moyen-Orient illustrent parfaitement ce lien créateur de dynamisme. La conquête de l'Égypte est longue et fastidieuse. L'armée française souffre des conditions rudes qu'impose la conquête de ce pays méconnu. L'avancée est de plus en plus difficile dans le désert égyptien, d'autant plus que la peste est aux trousses de l'armée. Elle s'est propagée sur les embarcations françaises et condamne, durant l'avancée des troupes, des milliers de soldats à une mort atroce. À cette maladie infernale s'ajoutent les difficultés de l'armée à avancer face à un ennemi qui connaît mieux le terrain. Remobiliser les troupes est donc la première des priorités. Pour cela, Napoléon utilise son charisme si personnel. Il va à la rencontre de ses hommes, notamment à l'infirmerie, où il réconforte les mourants et compatit à leurs souffrances. Cette interaction suffit à créer une alchimie qui les revigore. Quelques minutes suffisent pour que les soldats reprennent des forces et qu'ils soient de nouveau gonflés de détermination pour tout écraser. Les batailles qui suivent sont un succès.

Comme tout tribun, Napoléon excelle dans l'art oratoire. Faire lever les foules et les motiver pour qu'elles entrent en action avec enthousiasme résume le génie napoléonien. Trouver les mots justes qui touchent les cœurs est naturel pour lui. Le député Cormenin écrit à l'époque dans son *Livre des orateurs* : « L'éloquence, ce grand art de passionner et d'entraîner les masses par les mouvements et par les figures, passa aux hommes de guerre, ou plutôt à un seul homme, à Napoléon. » Pour être encore plus entendu, le général se sert souvent de métaphores historiques, notamment de références à la Rome antique. Par exemple, les guerres puniques créent un parallèle entre les Anglais et les Carthaginois, tandis que les Français sont naturellement assimilés aux Romains futurs vainqueurs. Lors de sa conquête de l'Autriche, le grand orateur prend les soldats romains en appui de son discours : « Les légions romaines, que vous avez quelques fois imitées, mais pas encore égalées, combattaient Carthage tour à tour sur cette même mer et aux plaines de Zama. » De même, il crée un sentiment d'appartenance très fort dans ses rangs. L'armée est une famille comme une autre dont lui est le père et la France est la mère.

« Mes soldats sont mes enfants », écrit-il en 1815. En 1814, en disant au revoir à sa Garde, il dira : « Adieu mes enfants. »

Mais l'orateur de génie ne s'arrête pas là. En fonction de l'objectif fixé, Napoléon change de manière de parler et choisit des mots différents, en adéquation avec ce qu'il souhaite atteindre. Par exemple, dans le choix des références auxquelles il fait appel, il n'utilise plus de figures historiques mais renvoie à ses propres batailles. Cela afin de créer petit à petit un mythe personnel. Dans cet esprit, les dates révolutionnaires comme le 14 juillet sont supprimées pour créer des « ancrages » historiques liés à sa propre histoire. Napoléon forge sa légende de son vivant pour la postérité mais aussi pour asseoir son autorité dès à présent. De même, le chef alterne les injonctions en fonction de la situation : « Soldats » ; « Amis » ; « Camarades ». Les termes révolutionnaires comme « liberté », cité plus de quinze fois dans ses discours avant 1804, ne le sont plus sous l'Empire, il utilise à la place un vocabulaire lié à l'expansion des principes civilisateurs de la France (« grande nation », « grandeur », « splendeur »).

Outre son talent d'orateur hors pair, Napoléon continue sans cesse de se former pour être toujours plus convaincant. De même, il retient toutes les leçons reçues durant ses préparations militaires, notamment *L'Art de la guerre* de Machiavel qui donne des conseils sur les méthodes de rhétorique afin de motiver des hommes avant un combat. Le premier étant d'être convaincu soi-même pour persuader les autres. Sur la forme de l'allocution, la syntaxe des phrases doit être simple et directe car les paroles sont répétées à des milliers de personnes sur de vastes prairies. Les officiers et le choix des hommes sont donc importants car ils doivent « porter » la voix de l'empereur loin devant. Ce deuxième élément constitue un autre charisme essentiel pour expliquer le génie de Napoléon. Même si le grand général n'est pas là, son esprit demeure. Ses hommes ressentent sa présence et savent que des visites terrain sont possibles à n'importe quelle heure. D'une certaine manière, Napoléon est présent partout : en France comme sur les champs de bataille à l'extérieur des frontières, le chef garde un contrôle absolu sur les moindres détails de son règne.

2. Suivre et contrôler ses actions

Beaucoup de leaders ont la capacité de lancer des projets avec une grande énergie mais peu sont enclins à les suivre. À l'inverse, Napoléon n'a pas uniquement la capacité à lever les foules mais aussi à gérer les affaires de la France et… de l'Europe ! Effectivement, savoir suivre les actions entreprises est plus que vital pour tout grand leader qui souhaite faire entrer ses actions dans la durée. Napoléon détient cette double capacité à galvaniser une foule vers un projet commun mais aussi à contrôler son bon déroulement. Car le chef surveille tout : police, armée, maîtresses, clergé, mœurs, informations, etc. Certains disent qu'il surveille autant qu'il fait la guerre !

En 1793, lors de sa première bataille à Toulon contre une coalition de royalistes et de puissances étrangères, il est capitaine d'artillerie mais n'approuve pas la tactique de son chef. Ni une ni deux, un rapport au Comité de salut public est envoyé pour expliquer son désaccord et décrire sa vision de ce qu'il faudrait réaliser. Quelques années après le siège de Toulon, il prend en main la stratégie de chacune de ses batailles avec une minutie quasi pathologique : concentration en un point, diversion de l'autre, vitesse des déplacements, nombre de soldats, position de l'artillerie… Il passe en revue très régulièrement ses hommes et va jusqu'à commander lui-même des chaussures pour des soldats mal équipés.

Un autre exemple ubuesque qui montre la capacité de Napoléon à tout maîtriser est l'organisation de son sacre. Le chef français demande au peintre Jacques-Louis David de rajouter sur le tableau de son couronnement à Notre-Dame de Paris sa mère, qui était en réalité absente (n'appréciant guère sa femme Joséphine, sa mère n'y était pas présente). Pour lui, le peuple doit voir une famille unie derrière lui car si le souverain n'arrive pas à fédérer sa propre famille, comment pourrait-il le réaliser à l'échelle d'une nation ? Une autre anecdote à propos de son sacre est très révélatrice de cette extraordinaire capacité à contrôler le monde qui l'entoure. En 1804, Napoléon pressent qu'il peut devenir plus que Premier consul : l'empereur des Français. Cependant, cela suppose l'approbation du pape car seul le représentant de Dieu sur terre peut transmettre, par une divine bénédiction, l'autorité transcendantale d'un empereur. Faisant comprendre au Vatican que sa protection militaire est chère et précieuse, il n'a pas besoin de convaincre le pape Pie VII de venir à Paris. Pis encore, Napoléon demande au chef des catholiques d'officier la cérémonie exclusivement. En effet, Napoléon se couronnera lui-même et ne laissera ce soin à personne d'autre ! Quel homme peut contraindre le pape à se déplacer pour être un simple spectateur ? À partir de cette année 1804, l'empereur souhaite encore plus contrôler car il pense que le sacre légitime aux yeux des Français une emprise encore plus exhaustive. Il organise son pouvoir de manière très centralisée. Toutes les informations stratégiques affluent vers lui. Plus rien ne peut lui échapper.

Comprendre l'avidité de Napoléon à tout contrôler, c'est avant tout comprendre son besoin de puissance absolue. Cette quête interne le pousse à agir en permanence. Alors que pour certains, l'action est une déperdition d'énergie, pour lui, c'est sa principale source d'énergie qui le pousse à contrôler davantage de territoires. Rentrer en guerre le ressource. Autrement dit, plus le chef guerrier rentre en guerre, plus il souhaite agrandir sa domination, plus il déclare la guerre ou se défend pour garder son Empire intact. Le penseur Clausewitz l'appelle : « Le dieu de la guerre en personne » !

Au niveau physiologique, ces situations de conquête lui procurent des hormones de manière très intense. L'adrénaline et la noradrénaline le galvanisent et lui permettent d'entrer en quasi-transe. En tout état de circonstance, ces hormones et neurotransmetteurs protègent du stress et procurent un bien-être physique certain. Napoléon devient donc petit à petit dépendant du pouvoir de contrôle et du sentiment de plénitude que lui procurent ses victoires. L'empereur est en quelque sorte enivré par sa maîtrise sur les autres et les événements.

Le besoin de contrôle chez Napoléon s'alimente également d'une autre manière. Tous les écrits des personnes qu'il rencontre s'accordent à décrire un homme d'une très grande énergie qui avait de plus en plus d'enthousiasme au fur et à mesure de la discussion. Comme toute personne humaine, il a besoin de relations sociales pour vivre. Mais lui est extrêmement sensible à son environnement et se révèle au fur et à mesure qu'il accueille les contacts extérieurs. Il sait capter et créer des ondes d'action grâce à la présence des autres. C'est une « éponge relationnelle ».

Grâce à l'action, il « s'essore » régulièrement et n'est pas stoppé par les émotions envahissantes et paralysantes. En étant très actif, il libère son énergie et évite la stagnation des émotions reçues dans son for intérieur. Par exemple, les échanges avec sa femme Joséphine font jubiler l'homme. Après une conversation avec elle, il se sent prêt à envahir le monde pour l'asservir à ses désirs et repart vers la conquête d'un plus grand pouvoir politique. Ce dynamisme n'est pas dû à la seule personne de Joséphine mais à la relation qu'il tisse avec elle. C'est l'échange essentiellement qui porte son désir de puissance et pas uniquement la personne qui est en face de lui.

Sa capacité de gestion est relative bien naturellement à sa capacité de travail également. Il ne dort que très peu et œuvre jusqu'à seize heures par jour ! Régulièrement, l'empereur écrit durant la nuit et détaille ses idées pour la France : Code civil pour régir les relations entre les citoyens, lois pour le développement du commerce, lettres à Joséphine, approfondissement philosophique des valeurs de la France… autant de sujets qui passionnent l'insomniaque. « Le vrai courage, c'est celui de trois heures du matin », dira-t-il. Il gère les affaires d'État et doit faire face au pouvoir des élus regroupés dans deux assemblées, le corps législatif et le tribunat. Mais Napoléon garde la main sur les sujets discutés et les modalités de débat. Ainsi, le processus législatif n'est pas un réel contre-pouvoir mais il contraint néanmoins Napoléon dans quelques projets. Le Conseil d'État créé par Napoléon est aussi un organe qui s'exprime sur des sujets très précis mais les discussions ne sont possibles qu'en présence du premier consul, ce qui raccourcit inévitablement les débats.

Pour asseoir son contrôle à l'extérieur de la France, il s'allie plusieurs fois avec les peuples battus (ou libérés), qu'il enrôle dans ses armées pour mieux combattre ses ennemis. En 1807 par exemple, des milliers de Polonais rejoignent la grande armée contre les coalitions russes et autrichiennes. Le grand stratège essaie également de tisser de grandes alliances avec les autres leaders européens pour mieux contrôler les territoires sous influence française. L'alliance avec les Espagnols en 1805 contre les Anglais du général Nelson et la coopération en 1806 avec la Confédération du Rhin (ancien Saint-Empire romain germanique) en sont des exemples. Parfois, il nomme expressément des hommes de confiance pour installer sa domination dans la durée sur les territoires conquis. Murat est placé au royaume de Naples, Joseph, son frère, est positionné en Espagne, son autre frère Louis devient roi de Hollande et le royaume de Westphalie est sous l'égide du nouveau roi Jérôme Bonaparte (dernier petit frère de Napoléon).

Sur le plan intérieur, le premier empereur des Français organise un système très bien orchestré pour recueillir les informations de terrain. Il favorise l'émergence des départements et place à leur tête des hommes – les préfets – directement sous son autorité. En moins de quelques mois, une centaine de « hauts fonctionnaires » sont postés en province et rapportent des informations régulièrement à l'empereur. Partout sur le territoire (et même en Europe), de très nombreux informateurs sont lourdement payés pour récolter des précisions sur les ennemis intérieurs (royalistes, fédéralistes, républicains, jacobins…). Napoléon agence également une forte propagande pour embellir ses succès et ainsi rendre fiers les Français de l'engagement de la France. Il va même jusqu'à réécrire les récits de guerre diffusés dans les journaux partout en France. Mieux encore, à chaque bataille, vent, soleil, pluie sont détaillés – comme par hasard – toujours en sa faveur. En réalité, par ces mensonges, ce fin politicien insinue qu'il maîtrise aussi bien les éléments de la nature que la finalité des combats.

Par ailleurs, pour connaître les arrière-pensées des influenceurs de l'époque, il positionne ses frères à la direction de chaque loge maçonnique. De plus, il s'entoure des meilleurs hommes pour être le mieux informé possible. Les plus connus sont : Talleyrand au ministère des Affaires extérieures (diplomatie) et Fouché au ministère de l'Intérieur. Ils œuvrent sans relâche pour répondre aux demandes de renseignements de l'empereur. Après chaque tentative d'attentat, notamment celui de la rue Nicaise, le réseau du ministre Fouché permet l'identification extrêmement rapide des coupables. Sans internet ni traçage possible par l'informatique, Fouché réalise l'exploit de connaître le moindre frémissement de révolte ou d'hostilité à l'égard du chef. Talleyrand, qui a une prise de recul impressionnante sur les situations et les hommes, a une oreille dans toutes les régions d'Europe. Très doué pour recueillir les vraies et bonnes informations même à distance, le diplomate est précieux pour Napoléon, qui peut établir ses plans avec des hypothèses fiables.

Même en ressources humaines, l'empereur réussit à dominer la situation. Il « manage » les membres de ses équipes (gouvernementale, militaire, voire les membres de sa famille) avec brio et pragmatisme. Il sait précisément leurs moteurs, peurs, envies, capacités, aptitudes, caractères, etc. À ce sujet, il dit un jour : « On gouverne mieux les hommes par leurs vices que par leurs vertus. » Preuve qu'il manipule bien ses sujets !

Cependant, le contrôle et la centralisation ont leurs limites. Les victoires contre des dizaines de coalitions successives ne peuvent être possibles qu'en déléguant son autorité à des généraux braves et solidaires de son action. De même, l'administration de la moitié de l'Europe ne peut se réaliser sans hommes de confiance qui reprennent le pouvoir de Napoléon tout en étant toujours à ses ordres. En résumé, le dynamisme et la capacité de contrôle d'un leader n'est rien sans sa faculté à déléguer.

3. Savoir lâcher prise et déléguer

Si les managers d'aujourd'hui peuvent s'inspirer de Napoléon, c'est bien en matière de délégation. Peu d'entreprises d'aujourd'hui ont conscience de ce manque de compétences. D'ailleurs, il n'est pas rare de voir des salariés partir d'une entreprise pour cette unique raison. Heureusement, Napoléon nous offre des pistes concrètes pour comprendre en quoi le lâcher-prise est capital pour réussir à guider un groupe.

Dès l'adolescence, le jeune Corse comprend qu'il ne peut rien s'il reste seul. Tout grand succès collectif se base sur de solides relations de confiance avec soi-même et avec les autres. Ceci représente une clé fondamentale pour pouvoir déléguer et démultiplier son pouvoir d'action. L'illustration la plus symptomatique sont ses guerres à répétition. Comment peut-il obtenir des victoires aussi écrasantes sans avoir une confiance totale envers ses hommes et particulièrement envers ses généraux ? Pour accéder au pouvoir politique français puis pour conquérir l'Europe, Napoléon sélectionne avec soin ses subalternes mais leur donne son entière confiance, ce qui booste leur envie de réussir. Dès lors, ces derniers se sentent responsabilisés et souhaitent redonner un « retour » positif à l'estime que leur porte le chef. Dans la stratégie militaire de Napoléon, la réactivité et la précision de l'exécution sont extrêmement importantes. Pour lui, la vitesse fois le nombre crée la réelle force de combat essentielle à la victoire.

Ainsi, Napoléon exige de ses soldats des marches impressionnantes pour aller d'un bout à l'autre de l'Europe afin de déjouer les plans russe ou espagnol. De même, le général scinde souvent ses troupes pour faire diversion. Tout cela est possible grâce à des généraux et des maréchaux qui exécutent au détail près ses directives et qui ont une confiance inébranlable envers Napoléon. Nous pouvons imaginer les sommes considérables que les Anglais ou autres ennemis peuvent proposer aux fidèles de Napoléon pour le trahir et l'abandonner en pleine bataille. Pour contrer ces éventuelles trahisons, Napoléon utilise une technique bien connue des leaders : la convergence d'intérêts. L'empereur récompense ses soldats et ses généraux en leur offrant la gloire, l'honneur et surtout de l'or et de l'argent. L'ascension au mérite est également un système qui donne une espérance renouvelée à des hommes souvent pauvres et de basses classes sociales.

La confiance et l'estime envers soi-même et les autres sont donc indispensables pour bien diriger une équipe, une entreprise, un pays et Napoléon en a grandement conscience. Dans ses discours d'avant bataille, Napoléon transmet une confiance indestructible à ses hommes qui nécessite de sa part une forte assise humaine. La confiance qu'il transmet est nécessairement aussi la sienne. Les personnes ressentent le niveau de confiance du leader et s'assurent de sa solidité. D'ailleurs, psychologues et psychiatres sont formels : les bases de la confiance et l'estime de soi se jouent grandement durant l'enfance. Les encouragements, félicitations et compliments jouent un rôle essentiel dans le bon développement psychologique de l'enfant, surtout s'ils proviennent du parent du sexe opposé à l'enfant (le père envers sa fille et la mère envers son fils). En ce qui concerne Napoléon, on sait que sa mère corse est plus qu'une admiratrice de son fils. Elle le complimente en permanence. Elle adule son fils plus que de raison et cela facilite la confiance et l'estime du garçon.

Ainsi, il transmet facilement cette irrésistible confiance à ses soldats qu'il motive à se battre sans mesure. Il ne faut pas croire que les conquêtes napoléoniennes furent faciles. Chaque triomphe sur le champ de bataille a nécessité une préparation mentale quasi transcendantale. Notamment en 1806, lors de la bataille d'Auerstedt où 25 000 Français gagnent contre 60 000 Prussiens. Le fait de transmettre un message de confiance, d'invincibilité à toute épreuve, tient dans son non-verbal et pas uniquement dans ses paroles. Voix, posture, regard, intonation, intégrité, sincérité, autant d'éléments que ses hommes reçoivent et jugent inconsciemment. Le tout est si cohérent qu'il soulève les foules entières pour le meilleur comme pour le pire…

Un autre épisode napoléonien illustre cette capacité à donner une confiance absolue à ceux qui l'entourent. En 1809, les armées françaises s'embourbent en Espagne et Napoléon n'a d'autre choix que de déplacer la majeure partie de ses forces de l'est de l'Europe à Madrid. Quelque temps après, les Autrichiens en profitent pour attaquer sur le front est dégarni par la grande armée française. C'est le début de la fin pour l'empire français (défaite à Leipzig). Les vainqueurs exilent alors Napoléon sur l'île d'Elbe, un caillou en pleine Méditerranée. Bien naturellement, à peine arrivé sur l'île, il prépare déjà son évasion. Le judicieux Napoléon parvient à rejoindre les côtes françaises sur une embarcation de fortune durant une nuit de bouillard intense afin d'échapper aux navires anglais. Évasion spectaculaire mais sans commune mesure avec son retour politique si impérial…

En effet, en moins de quelques jours, l'empereur retrouve son trône sans verser une goutte de sang. Retour à peine croyable pour un homme qui débarque sur le continent avec seulement quelques hommes à ses côtés. Pas de réseaux sociaux pour communiquer, Napoléon est seul avec ses plus proches. Pourtant, des milliers de Français l'accueillent et se joignent à lui petit à petit sur son chemin vers Paris. La ferveur populaire se positionne clairement pour un nouveau règne de Napoléon. Regroupé autour de son chef retrouvé, le peuple marche comme un seul homme vers Paris. Face à cet engouement populaire, le roi Louis XVIII laisse sa place sans résistance. Cette histoire est surréaliste. Comment a-t-il pu réaliser ce *coming-back* quasi mystique ? Si Dieu venait sur terre, quelques milliers d'hommes pourraient le suivre, mais lui, l'homme qui a mis l'Europe à feu et à sang, pourquoi le suivre une seconde fois ? Il a sacrifié des générations entières. Comment a-t-il pu susciter la confiance de milliers de Français pour reprendre tranquillement son trône ?

Dès ses premiers pas sur la côte d'Azur, il reprend son autorité par son charisme inégalable. Parlant toujours avec son ventre et ses profondes convictions, il redonne confiance aux Français un à un en redynamisant leur estime d'eux-mêmes. Se hissant à la pointe de lui-même, il parle aux Français qu'il rencontre en leur exposant une vision de la société qui abolit les distinctions sociales. À cette époque, la France est soumise aux ingérences des vainqueurs, notamment anglais. De surcroît, les Français sentent bien le réel despotisme du roi Louis XVIII mis en place depuis l'exil de Napoléon. De ce fait, l'évadé scande les valeurs chères aux révolutionnaires – liberté et égalité pour tout citoyen – et se risque à parler d'une France forte, unie, rayonnante. Paroles totalement en décalage avec la réalité d'une France anéantie par un passé imbibé de sang et un quotidien d'injustices. Le chef de retour crie pour une France libre, qui ne doit pas se soumettre aux diktats des puissances étrangères. Ainsi, pour redonner confiance, Napoléon fait donc encore une fois référence à un élément fondamental chez tout être humain : sa dignité.

Paul Ricoeur écrivait que la dignité renvoie à l'idée que « quelque chose est dû à l'être humain du fait qu'il est humain ». De fait, quel honneur à vivre si on est gouverné par des despotes ? Quelle dignité existe-t-il si le pays obéit à des intérêts étrangers ? Quel intérêt à vivre dans un pays où la liberté de disposer de soi-même n'existe plus ? Aucun pour Napoléon. Selon lui, le chef doit être au service de la grandeur de chacun et du pays.

Ainsi, sur la route le menant à Paris, Napoléon parle directement aux Français. Tous ses discours ont pour but de faire vibrer les cœurs en redonnant vie à la mission universelle de la France. Cette mission est celle d'un rayonnement unique particulièrement dans les domaines de la culture, des arts et des idées. Napoléon a su comprendre l'aspiration clé profondément ancrée dans l'inconscient collectif français pour relancer leur confiance en eux. Point besoin de *media-training* à répétition pour réussir à convaincre et à regrouper des milliers d'hommes autour de soi. Parler de façon authentique en touchant un moteur fondamental chez les autres est suffisant.

Résultat, en quelques jours seulement, il reconquiert l'ensemble du peuple de France, dépassant les classes sociales d'antan (paysans, nobles, bourgeois). Ce lâcher-prise exceptionnel lui permet de reconquérir la confiance des Français et de retrouver naturellement son trône.

Ce moment historique de l'histoire de France met en évidence un autre aspect managérial. De son départ de l'île d'Elbe jusqu'à son retour à Paris, Napoléon n'a pas donné un seul ordre. Il a simplement convaincu. Ce n'est pas un détail de l'histoire car cela exprime un niveau de leadership très élevé. Le chef n'a plus besoin de donner des ordres à ses soldats, ni aux Français, il fait une totale confiance à leur confiance. La mobilisation générale qui s'ensuit face à la gigantesque coalition européenne va dans le même sens : le peuple de France se bat jusqu'à sa mort pour honorer la grandeur d'un destin retrouvé.

CONCLUSION

Maintenant que nous avons trouvé les singularités de ces femmes et hommes d'hier, à nous de mieux identifier et utiliser les nôtres pour être au service du monde d'aujourd'hui et de demain.

J'ai la conviction que nous recevons tous des talents différents qui répondent aux besoins de la société dans laquelle nous vivons. Chaque don individuel correspond à une attente dans le monde.

Confucius, Mère Teresa, Cléopâtre, Albert Einstein, Jules César, Nelson Mandela, Gandhi et Napoléon Bonaparte ont vécu en étant à l'écoute d'eux-mêmes. Ils ont compris comment la vitalité de leurs énergies intérieures pouvait les mener à atteindre leurs rêves. Pour le bonheur et/ou le malheur des autres, ils ont aligné leurs talents avec leurs aspirations profondes pour démultiplier leur source de vie et donc leur capacité d'action.

Nous ne sommes pas tous appelés à jouer les premiers rôles, qui plus est à un niveau mondial, mais le plus important est de réaliser sa mission de vie sans se confondre dans une vie rêvée, voire virtuelle, loin de la réalité. Il en va même de notre responsabilité car si nous n'utilisons pas nos dons, le monde en sera dépourvu !

En écoutant sa propre spontanéité, ces élans naturels qui font de nous des êtres uniques, nous pouvons « jouer » avec notre énergie en fonction des circonstances et de nos buts. Ceci nous fera entrer plus facilement dans l'action et nous ressourcera automatiquement.

Je pense que nos talents nous ont été donnés pour être heureux et faire rayonner le bien, le juste et le beau. En cela, nous pouvons être une lumière vivante pour les autres, et réciproquement. Bien naturellement, nous devons « travailler » nos talents pour qu'ils donnent du fruit mais osons-nous les reconnaître avec un regard toujours nouveau et bienveillant sur nous-mêmes ? En tout état de circonstance, ce travail peut commencer en répondant à cinq questions :

Comment mon énergie fonctionne-t-elle ?

Qu'est-ce que je réalise avec facilité, sans effort ?

Qu'est-ce qui au contraire m'épuise ?

Est-ce que mes missions actuelles au travail ou dans ma vie personnelle sont en cohérence avec les réponses aux trois premières questions ?

Et enfin, en fonction de nos objectifs : comment puis-je développer telle ou telle aptitude ? (Exemples : mon sens de l'écoute, ma capacité à dynamiser un groupe, mon esprit de synthèse, mon expression orale, etc.)

Tout rayonnement professionnel ou personnel passe par la réalisation de soi. Cela implique de plonger intégralement dans la découverte de nous-mêmes pour trouver nos « points forts » puis de les utiliser à bon escient. Mais pour cela, il faut les chercher au fond de notre être et toujours en relation avec les autres dans un esprit de vérité, de persévérance, d'humilité et… de courage !

BIBLIOGRAPHIE NON EXHAUSTIVE

Seelig, Carl, *Albert Einstein*, Staples Press, Londres, 1956

Kaku, Michio, *Eisntein's Cosmos*, Norton, New York, 2003

Einstein, Albert, *Ideas and Opinions*, Random House, New York, 1954

Meschkowski, Herbert, *Von Humboldt bis Einstein*, Piper Verlag, Munich, 1989

Weinberg, Steven, *Dreams of a Final Theory,* Pantheon Books, New York, 1992. Trad. française : *Le rêve d'une théorie ultime*, Odile Jacob, Paris, 1997

Gero Von Boehm, *Qui était Albert Einstein,* Assouline, Paris, 2005 – traduction de l'allemand par Olivier Mannoni

Brian Kolodiejchk, MC, *Mère Teresa, Viens sois ma lumière, Les écrits intimes de « la sainte de Calcutta »*, Lethielleux, 2007 – traduction de l'anglais par Cécile Deniard et Delphine Rivet

Mère Teresa, *Il n'y a pas de plus grand amour*, Lattès, 1997 – traduction de l'anglais par J.-F. Colosimo

Elahi, Bahram, *La voie de la perfection*, Albin Michel, 2002

Facérias, Daniel, *Mère Teresa L'indienne,* Éditions du Rocher, 2006

Borghèse, Anne-Lise, *Mère Teresa, La femme des béatitudes*, biographie,
Salvator, 2003

Navin Chawla, *Mère Teresa Une vie pour l'amour*, l'Archipel, 1992

Loyola (de), Ignace, *Exercices spirituels,* Points Seuil, 2004

Joël Schmidt, *Jules César*, Biographie, Gallimard, 2005

Rûmi, Jalâloddîn, *Le soleil du réel,* Imprimerie nationale, 1999

Entretiens de Confucius, Seuil, 1981 – traduction du chinois par Anne Cheng

Plutarque, *Vies des hommes illustres*, Gallimard, 1937 – traduction par Amyot

Jules César, *La Guerre des gaules*, Les Belles Lettres, 2002

Jules César, *La Guerre d'Alexandrie*, Les Belles Lettres, 2003

Jules César, *La Guerre d'Afrique*, Les Belles Lettres, 1949

Nelson Mandela, *Un long chemin vers la liberté*, Fayard, 1995 – traduction de l'anglais par Jean Guiloineau

Nelson Mandela, *Les lettres de prison*, Robert Laffont, 2018 – traduction de l'anglais par Jean Guiloineau

O. Dard, *La Synarchie, le mythe du complot permanent*, Paris, Perrin, 1998

Chr. Desroches Noblecourt, *La Reine mystérieuse, Hatchepsout*, Paris, Pygmalion, 2002

P.-M. Martin, *Antoine et Cléopâtre, la fin d'un rêve*, Bruxelles, Complexe, 1995

M.-I. Rostovtzeff, *Histoire économique et sociale du monde hellénistique*, Paris, Robert Laffont, 1989

R. Syme, *The Roman Revolution*, Oxford, Oxford University Press, 1960

C.-G. Schwentzel, *Cléopâtre, La déesse-reine*, Biographie, Payot, Paris, 2014

Gandhi, *Mon chemin de paix*, J'ai lu, 2018 – traduction par Aurélie Dudeffand

Gandhi, *Autobiographie ou mes expériences de vérité*, Puf, 2012

Dominique Lapierre et Larry Collins, *Cette nuit de liberté*, Pocket, 2004

Gandhi, *Satyagraha in South Africa*, Navajivan Publishing House, 2008

Lynn M. Hamilton et Wyatt North, *Gandhi : a life inspired*, createSpace Independant, 2015

Louis Fischer, *Gandhi : his life and message for the world*, Signet, 2010

Eknath Eawaran, *Gandhi the man : how one man changed himself to change the world*, Nilgiri, 2011

Gandhi, *Selected political writings*, Hackett Publishing, 1996

Léo Tolstoy et Gandhi, A letter to a hindu, traduit et publié par Damian Westfall

E. Stanley Jones, *Gandhi : portrait of a friend*, Abingdon Press, 2019

Terrence J Rynne, *Gandhi and Jesus*

Jacques-Olivier Boudon, *Napoléon Bonaparte, Discours de guerre*, Éditions Pierre de Taillac, 2012

Napoléon Bonaparte, *Testament religieux de Napoléon Ier, sa profession de foi sur Dieu, sur Jésus-Christ*, Hachette Livre BNF, 2013

Napoléon Bonaparte, *Testament de Napoléon*, Hachette Livre BNF, 2013

Napoléon Bonaparte, *Correspondance de Napoléon Ier*, Claude Tchou, 2002

Napoléon Charles, *Napoléon Par Napoléon – Pensées, Maximes Et Citations*, Le Cherche Midi, 2009

Lao Tzu, *La Voie et sa vertu : Tao-tê-king,* Seuil, 2004 – traduction du chinois par François Houang et Pierre Leyris

Confucius et Tseng-Tseu, *Le Ta-Hio, ou La grande Étude*, Hachette, 2013 – traduction par M. G. Pauthier

Confucius, *L'invariable milieu*, Editions des Cahiers Astrologiques, 1952 – traduction par Abel Remusat

Patrice Gueniffey, *Bonaparte*, Gallimard, 2013

REMERCIEMENTS

Un immense merci à ma coach littéraire Alexandra Raillan qui a su cadrer avec grand professionnalisme l'écriture de ce livre.

Un profond merci à deux personnes de très haute confiance :

Mathilde Perrin pour ses conseils stratégiques d'écriture si justes et ciblés

Jean-Cassien Loridant pour ses nombreux points de vue avisés et éclairants

TABLE DES MATIÈRES

Structures éditoriales du groupe L'Harmattan

L'Harmattan Italie
Via degli Artisti, 15
10124 Torino
harmattan.italia@gmail.com

L'Harmattan Hongrie
Kossuth l. u. 14-16.
1053 Budapest
harmattan@harmattan.hu

L'Harmattan Sénégal
10 VDN en face Mermoz
BP 45034 Dakar-Fann
senharmattan@gmail.com

L'Harmattan Cameroun
TSINGA/FECAFOOT
BP 11486 Yaoundé
inkoukam@gmail.com

L'Harmattan Burkina Faso
Achille Somé – tengnule@hotmail.fr

L'Harmattan Guinée
Almamya, rue KA 028 OKB Agency
BP 3470 Conakry
harmattanguinee@yahoo.fr

L'Harmattan RDC
185, avenue Nyangwe
Commune de Lingwala – Kinshasa
matangilamusadila@yahoo.fr

L'Harmattan Congo
219, avenue Nelson Mandela
BP 2874 Brazzaville
harmattan.congo@yahoo.fr

L'Harmattan Mali
ACI 2000 - Immeuble Mgr Jean Marie Cisse
Bureau 10
BP 145 Bamako-Mali
mali@harmattan.fr

L'Harmattan Togo
Djidjole – Lomé
Maison Amela
face EPP BATOME
ddamela@aol.com

L'Harmattan Côte d'Ivoire
Résidence Karl – Cité des Arts
Abidjan-Cocody
03 BP 1588 Abidjan
espace_harmattan.ci@hotmail.fr

Nos librairies en France

Librairie internationale
16, rue des Écoles
75005 Paris
librairie.internationale@harmattan.fr
01 40 46 79 11
www.librairieharmattan.com

Librairie des savoirs
21, rue des Écoles
75005 Paris
librairie.sh@harmattan.fr
01 46 34 13 71
www.librairieharmattansh.com

Librairie Le Lucernaire
53, rue Notre-Dame-des-Champs
75006 Paris
librairie@lucernaire.fr
01 42 22 67 13

Achevé d'imprimer par Corlet Numérique - 14110 Condé-sur-Noireau
N° d'Imprimeur :1317535 - Septembre 2023 - Imprimé en France